# Le Guerrier

## Spirituel

### La spiritualité, un art de vivre

# LA CRITIQUE ACCLAME
## « LE GUERRIER SPIRITUEL »

« LE GUERRIER SPIRITUEL peut changer votre vie. John-Roger fait écho à mon immense besoin de spiritualité dans ce monde plein de bouleversements et d'anxiété. Ce livre, source d'inspiration lumineuse, est tout à fait bienvenu pour celui qui chemine sur la voie de la découverte personnelle. J'ai trouvé, dans LE GUERRIER SPIRITUEL, les paroles d'un sage, d'un homme pratique et terre à terre. »

John Bradshaw
Auteur de *Bradshaw On The Family, Creating Love, Homecoming* (Le retour)
Récipiendaire de trophées EMMY pour les émissions télévisées *Bradshaw On The Family* et *Family Secrets*

« J'ai toujours aimé les histoires de guerriers et je cherche avidement les qualités qui pourraient m'aider à surmonter les obstacles de la vie. Comme j'ai toujours recherché l'amour dans ma vie, j'ai fini par être comblée par l'amour de Dieu. LE GUERRIER SPIRITUEL m'a éclairée sur la façon d'associer l'Esprit et le guerrier en moi et ce, d'une manière tout à fait simple et pratique. Je me rends maintenant compte que quelles que soient les circonstances, je suis le bonheur, l'amour et le succès que je cherchais. »

Leigh Taylor-Young
Actrice récipiendaire de trophées EMMY pour *Picket Fences* et *Sunset Beach* (films tournés pour la télévision)
Conseillère spéciale aux arts et communications du programme environnemental des Nations Unies
Porte-parole pour l'*Institute for Individual and World Peace*

« J'ai adoré LE GUERRIER SPIRITUEL. John-Roger redéfinit les notions de dévouement, d'engagement, de coopération, d'enthousiasme et d'empathie. Il nous encourage à être des « guerriers de l'amour » héroïques dans nos propres vies et à « être gagnants » pour le bien de tous, avec, en bout de ligne, la réussite matérielle et la plénitude spirituelle. Nous y apprenons à convertir et à transformer le chaos en créativité, les fantasmes négatifs et les fantaisies en imagination divine, et enfin, on y apprend comment s'approprier et partager ce titre de Guerrier Spirituel. Tout à fait brillant! »

Sally Kirkland
Actrice mise en nomination pour un OSCAR et récipiendaire d'un GOLDEN-GLOBE pour son rôle dans *Anna*
Productrice, metteur en scène et professeur

« Il est rare qu'un livre soit à la fois source d'inspiration et guide pratique. Non seulement LE GUERRIER SPIRITUEL nous inspire tous à prendre le sentier du guerrier armés d'amour, d'intention, d'indulgence et de simplicité, mais il nous fournit aussi les moyens pour apprendre à utiliser ces armes. Le procédé de convergence spirituelle d'une durée de quinze jours décrit à la fin de l'ouvrage est particulièrement utile pour pousser le guerrier novice à prendre son envol. »

Les Docteurs Ron et Mary Hulnick
Co-directeurs de l'Université de Santa Monica

« LE GUERRIER SPIRITUEL nous offre une grande richesse d'expérience ainsi que des références pour parvenir à une spiritualité consciente. John-Roger nous fournit des outils pratiques pour maintenir notre conscience intérieure dans ce monde plein de défis et de bouleversements. En tant qu'êtres humains, nous partageons tous cette quête collective pour découvrir le vrai sens de la vie et pour un retour à notre véritable demeure, l'Âme. »

John Morton
Directeur spirituel, *Movement of Spiritual Inner Awareness*
Camarade de golf de J-R

# Le Guerrier

## Spirituel

### LA SPIRITUALITÉ, UN ART DE VIVRE

## John - Roger

Traduit de l'américain par Linda Cousineau

*Révision :* Cécile Rolland , Nancy Coulombe, Vincent Dupont
*Typographie et mise en page :* Carl Lemyre
*Graphisme :* Carl Lemyre
*ISBN* 2-921892-49-9
*Traduction :* Linda Cousineau
*Première impression :* novembre 1998

Éditions AdA Inc.
172, Des Censitaires
Varennes, Québec, Canada, J3X 2C5
Téléphone:   450-929-0296
Télécopieur: 450-929-0220
www.AdA-inc.com
info@AdA-inc.com

Diffusion
**Canada** : Éditions AdA Inc.
Téléphone:   450-929-0296
Télécopieur: 450-929-0220
www.AdA-inc.com
info@AdA-inc.com
**France** : D.G Diffusion
6, rue Jeanbernat
31000 Toulouse
Tél : 05-61-62-63-41
**Belgique** : Rabelais- 22.42.77.40
**Suisse** : Transat- 23.42.77.40
**Haïti** : EMJF- 46-38-98

Imprimé au Canada

À Claire
de ton Abba

« J'avais trouvé ce que je cherchais, un homme qui me ressemblait, mais dont la quête du sens de la vie avait abouti à la découverte d'une raison de vivre ; un homme qui avait payé le prix fort sans le considérer comme un sacrifice, le payait encore et le paierait jusqu'à sa mort ; qui ne se souciait pas des compromis, de sa fierté, de nous ni de l'opinion d'autrui ; qui avait réduit sa vie à la seule chose qui lui importait ; un homme libre. »

John Le Carré, *Le voyageur secret*

# Table des matières

# Note de l'auteur

Puisque ce livre traite de concepts spirituels, j'utilise des termes qui peuvent revêtir des significations différentes pour différentes personnes, selon leurs cheminements personnels, spirituel ou religieux. Dans les pages qui suivent, j'utilise des mots comme « Âme », « âme », « Esprit », « esprit », « Soi », « soi », « Dieu » et d'autres encore, de manière très spécifique et précise. Pour retirer le maximum de ce livre, je suggère aux lecteurs de suspendre le plus possible leurs interprétations personnelles de ces termes et concepts et de rester ouverts à la façon dont je les utilise dans le contexte, grâce à leur intuition et aux explications que je donne.

# Préface

C'est par la force des choses que j'ai appris ce que signifiait d'être un Guerrier Spirituel. Au cours des dernières années, tant ma personne que mes écrits et mes discours ont fait l'objet de nombreuses critiques de la part de certains qui se trouvaient en désaccord avec ce que je faisais. Pour moi, la meilleure réponse à leurs invectives a été de vivre heureux et de réussir malgré ce que disaient ou faisaient ces gens. Je m'efforce de vivre une vie intérieure, sans attaches au monde physique et matériel, à la manière du Guerrier Spirituel.

Dans ce livre, je veux partager avec vous les principes que j'ai appris et je veux aussi vous indiquer comment les utiliser dans votre vie à vous, quelles que soient les circonstances auxquelles vous avez à faire face. Je sais que ces principes fonctionnent, pour les avoir moi-même essayés et mis à l'épreuve maintes et maintes fois.

Étant donné mon sens pratique, il s'agit d'un livre pratique. Mon approche n'est pas celle d'une fine porcelaine que l'on ne sort que pour les grandes occasions. Il est inutile d'avoir une philosophie de vie, si belle et si poétique soit-elle, si l'on ne peut l'appliquer dans son quotidien.

Avec le temps, j'ai lu de nombreux ouvrages sur la manière dont le guerrier fait face à la vie et parmi ceux-ci, d'excellents livres de Carlos Castaneda qui s'est penché sur certains aspects du processus. Mais les gens viennent encore me voir pour me demander comment vivre une vie spirituelle et intérieure dans un monde qui change constamment, un monde exigeant et plein de défis.

Ce livre se veut une réponse à cette question. Je vous recommande fortement d'utiliser les éléments qui fonctionnent pour vous et de laisser tomber ceux qui vous sont moins pertinents. En fait ce principe, appliqué à votre vie tout entière, est la première étape sur le long chemin du Guerrier Spirituel. Venez, accompagnez-moi sur cette voie dès maintenant.

John-Roger
Los Angeles, 1997

# Introduction : Pourquoi un Guerrier?

Ce livre vous apprendra comment vous approprier du titre de Guerrier Spirituel. Les Guerriers Spirituels sont des gens, hommes et femmes, qui choisissent avec conviction où diriger leur attention intérieure, et ce, même quand les réalités extérieures de leur quotidien sont plus ou moins difficiles et chaotiques.

Bien que le terme « guerrier » puisse revêtir l'image de conflits armés, le fait de devenir un guerrier spirituel n'a rien de violent. Les qualités du guerrier telles que le dévouement, l'engagement, la discipline et la capacité de focaliser sur l'essentiel se révèlent tout aussi utiles sur le plan spirituel.

La mission du guerrier est claire et il se concentre sur ses objectifs, même dans les moments de crise émotionnelle, de maladie, de conflits entre conjoints, collègues de travail, voisins ou encore avec l'automobiliste qui vient de lui couper le chemin.

**Même dans l'adversité, le guerrier authentique tient fermement à ses valeurs et à ses principes. Mais, alors que la plupart des guerriers cherchent à conquérir l'ennemi, le Guerrier Spirituel suit une voie différente : il avance à l'intérieur de lui-même. Il cherche à parfaire la discipline intérieure qui le gardera en harmonie**

**avec Dieu (ou l'Esprit, si vous préférez ce terme) tout au long de son cheminement sur Terre.**

Trois qualités sont essentielles au Guerrier Spirituel. Il doit en effet être : résolu, impitoyable, et impeccable.

*Être résolu.* Le Guerrier Spirituel est résolu dans l'orientation ou l'intention qu'il choisit. Il s'assure que sa résolution soit claire car il sait très bien que ce que l'on dégage dans la vie nous est rendu. Ainsi, si vous choisissez la voie de l'amour et de la générosité, vous ne pouvez accepter ni tolérer, dans votre champ d'action, tout ce qui n'est pas amour ou générosité.

*Être impeccable.* C'est simplement d'utiliser son énergie avec sagesse et détermination, de manière à la conserver et à l'orienter pour s'aligner avec l'Esprit. De cet alignement spirituel émergeront la réalité éternelle et une grande liberté vis-à-vis les contraintes du monde physique et matériel.

*Être impitoyable.* Cette qualité constitue le Sabre de Vérité du Guerrier Spirituel, l'Épée de son Cœur qui tranche et élimine tout ce qui n'est plus utile ou nécessaire. Le Guerrier Spirituel ne peut se permettre d'accepter n'importe quoi et il est impitoyable dans sa façon de surmonter ses dépendances, de se sortir de ses états d'asservissement et de se défaire d'habitudes et de comportements non productifs appartenant au passé.

## Pourquoi devenir un Guerrier Spirituel

Le Guerrier Spirituel a l'esprit ouvert sur le monde. Il ne cherche pas à contrôler son environnement, mais l'accepte tel qu'il est. En écoutant sa voix intérieure, il veille à réagir conformément à ses plus profondes résolutions. Il sait que, dans la vie, les sentiments de peur, d'exaspération et de confusion ne sont pas accidentels et qu'il s'agit plutôt d'occasions qui nous sont offertes afin que notre Âme puisse apprendre, grandir et partager.

**Il n'est pas question d'éviter les difficultés de la vie, mais d'apprendre à en tirer le maximum afin de progresser dans notre cheminement spirituel. La différence entre les Guerriers Spirituels et d'autres qui errent ici et là en attendant que surviennent l'amour, le succès ou l'abondance, c'est que les Guerriers Spirituels ne réagissent pas à la vie, ils _agissent_.**

## Les cinq caractéristiques du Guerrier Spirituel

Tant et aussi longtemps que nous serons limités par nos préjugés, toute tentative de définir notre intention profonde constituera une tâche effarante. Par exemple, celui qui veut gagner plus d'argent mais qui croit que le genre de travail qu'il fait ne peut être mieux rémunéré, est d'ores et déjà dans l'impossibilité d'atteindre son but. Nous devons constamment nous défaire de nos idées fixes ou préconçues et faire place à l'ouverture d'esprit. Plus important encore, il faut nous exercer à être dans l'Esprit, c'est-à-dire à être aligné avec notre résolution ou notre intention spirituelle afin que celle-ci devienne notre état habituel, notre façon de penser naturelle. Ce livre ne vous fera pas perdre votre temps à essayer de changer votre comportement ou à vous débarrasser d'habitudes négatives. De telles tentatives sont toujours futiles. Vous ne trouverez, dans ces pages, aucune recette magique pour perdre du poids, cesser de fumer ou pour gagner un million de dollars. Cependant, en adoptant les principes décrits et en vous servant des outils proposés, des changements surviendront naturellement.

Finalement, nous allons assainir nos comportements de dépendance et les habitudes qui nous limitent, et nous les élèverons vers Dieu. Ce qu'il faut désormais, c'est orienter le contexte de nos dépendances vers Dieu, afin de toujours avancer dans le sens de notre résolution. Le fait d'incorporer les cinq principes suivants dans tout ce que l'on fait, permet, chaque jour, de se rapprocher de son Esprit intérieur.

1. **Le Guerrier Spirituel accepte tout.** Sans juger et sans résister. (Personne ne prétend que ces principes soient faciles à mettre en pratique!)

2. **Le Guerrier Spirituel coopère en tout.** Vous savez que vous n'avez pas le contrôle mais vous en donnez l'impression.

3. **Le Guerrier Spirituel comprend tout.** Ce qui ne veut pas dire que vous pouvez expliquer tout ce qui se passe en vous. Il faut vous éveiller à l'expérience, la compréhension suivra.

4. **Le Guerrier Spirituel s'enthousiasme pour tout.** Quand vous vous ouvrez à l'Esprit, Son énergie coule en vous et vous retrouvez cet émerveillement devant la vie.

5. **Le Guerrier Spirituel est plein d'empathie.** D'autres traversent les mêmes épreuves que vous. Il n'y a donc aucune raison de se sentir supérieur ou inférieur.

## Le plan de ce livre

Quand nous intégrons ces principes dans tous nos faits et gestes, ils nous aident à garder le cap sur notre résolution. À noter, cependant qu'il faut des efforts considérables pour instaurer ces principes dans notre quotidien et devenir un Guerrier

# Introduction

Spirituel. La première partie de ce livre vise à éveiller votre spiritualité, à identifier et à éliminer vos « adversaires intérieurs » tels les comportements de dépendance, et enfin à vous équiper d' « armes spirituelles ». On pourrait comparer cela à un camp d'entraînement de nouvelles recrues. Dans la deuxième partie du livre, l'entraînement s'intensifie et vous serez appelé à développer les talents les plus difficiles du Guerrier Spirituel. Enfin, le *Journal de quinzaine* présenté en conclusion de cet ouvrage tient lieu de perfectionnement et il vous permettra de mettre en pratique les principes que vous aurez appris.

Rappelez-vous en commençant votre formation de Guerrier Spirituel que le but de cet entraînement est d'affirmer et de renforcer ce qu'il y a de meilleur en vous et aussi de vous permettre de récolter des fruits de l'abondance que nous offre le monde dans lequel nous vivons. Sachez aussi que vos souhaits et désirs d'aujourd'hui se transformeront fort probablement au fur et à mesure que vous réaliserez votre moi intérieur, votre Moi Véritable. C'est ce que vous découvrirez en entreprenant cette aventure. Tout un chacun peut accéder au titre de Guerrier Spirituel, mais il faut pour cela changer sa façon de cheminer dans la vie. Ceux qui pratiquent l'art du Guerrier Spirituel mènent une vie exigeante et pleine de défis et ils en tirent de grandes récompenses.

PREMIÈRE PARTIE

# À LA CONQUÊTE DU TERRITOIRE INTÉRIEUR

# Chapitre 1

## Abandonner le contrôle

À la racine de nos dépendances émotives
se trouve la structure de nos croyances
qui nous mine continuellement
en nous répétant sans cesse :
1.que nous finirons seuls ou abandonnés, et
2.que nous perdrons le contrôle de la réalité.

Nombreux sont ceux qui me demandent de quelle autorité je me réclame pour dire ce que je dis. Après tout, je ne suis ni rabbin ni prêtre ni un personnage « officiel ». Or tout ce que je puis répondre à une telle question est : « De quelle autorité vous réclamez-vous pour questionner ce que je dis? » En fait le droit de s'exprimer et de questionner sont tous deux inhérents à ce que nous sommes. Je dis ce que je dis parce que je le puis.

Plusieurs ne s'expriment jamais parce qu'ils n'ont pas confiance en eux ou parce qu'ils craignent les réactions d'autrui. Quand nous ne sommes pas alignés avec notre Âme, nous avons besoin du monde extérieur pour sanctionner nos croyances religieuses ou spirituelles. Nous cherchons quelque chose d'« officiel » pour nous indiquer que nous sommes sur la bonne voie. Quand nous traversons des moments difficiles, nous pensons plus souvent qu'autrement qu'il s'agit d'une punition, de quelque chose que « Dieu nous impose ». Or, il s'agit là d'une forme d'immaturité spirituelle qui nous éloigne de ce que nous avons de meilleur en nous.

Au fur et à mesure que nous avançons sur la voie de la spiritualité, nous prenons conscience de la nature de notre Âme et nous nous harmonisons avec elle. Nous participons. Nous nous rendons compte que le monde est un écran sur lequel nous nous projetons, alors si nous y découvrons des failles, c'est à nous de changer. Et tout changement exige la connaissance de sa vraie nature, c'est-à-dire du Divin qu'il y a en nous.

**Vous êtes la cause première et vous êtes l'effet premier. Vous êtes la cause ultime de même que l'effet ultime. Ainsi, votre intérieur est le seul endroit qui puisse changer. Vous pouvez vous bercer de l'illusion de changer le monde, mais à moins que vous ne changiez**

**les choses en vous, aucun véritable changement ne peut survenir.**

Les cartes peuvent avoir été bien mêlées et elles peuvent se trouver dans un ordre différent, mais il s'agit toujours du même jeu de cartes avec les mêmes structures. Pour s'harmoniser avec son être spirituel et, ce faisant, récolter les récompenses du monde extérieur, l'Âme doit être rendue à Dieu et devenir co-créatrice. Le premier pas pour conquérir son territoire intérieur, et devenir un Guerrier Spirituel et un co-créateur, consiste à confronter les habitudes ou comportements de dépendance qui nous limitent.

## Les dépendances courantes

Que vous le vouliez ou non, votre système de croyances vous sert de repères et de balises pour interpréter la vie. Et même si vous pensez que vos croyances sont meilleures que celles des autres, plus ouvertes et moins restrictives, il s'agit toujours de croyances. Si je mets de l'eau dans un verre et que je la transverse ensuite dans une tasse, l'eau est-elle différente? Non, évidemment. L'eau est toujours la même. Seuls les contenants diffèrent. De la même manière, le Divin est toujours le Divin. Mais depuis trop longtemps, les hommes ont cherché à nier cette vérité en jouant le jeu de l'aliénation et de la séparation. En fait, ils ont si bien joué le jeu qu'ils y ont été pris au piège.

Nos comportements de dépendance sont l'une des raisons pour lesquelles nous restons pris au piège. Quand nos habitudes deviennent si enracinées que nous n'arrivons plus à nous en défaire, elles constituent, dans la pratique, des dépendances. Notre système neurologique développe très rapidement des dépendances. C'est ainsi qu'il faut très peu de temps pour deve- nir dépendant de la cigarette, de l'alcool ou du chocolat par exemple. Nous développons toutes sortes de dépendances, tant physiques qu'émotionnelles. Il est si facile de devenir dépen- dant que c'en est effarant.

Prenons par exemple nos habitudes quotidiennes. Si la pre- mière chose que vous faites le matin est de vous lever, de mettre vos pantoufles, d'abord la gauche puis la droite, *stop*. La prochai- ne fois, mettez d'abord la droite et ensuite la gauche. Et levez- vous de l'autre côté du lit. Quand vous commencerez à interrom- pre le schème de vos habitudes, vous vous sentirez bizarre et vous vous direz : « Je ne suis vraiment pas moi-même aujourd'hui. » Pourquoi? Parce que vous aurez brisé le moule, vous serez sorti de la routine ; vous serez alors capable de focaliser de nouveau.

Mais les habitudes physiques sont faciles à changer compa- rativement aux dépendances émotionnelles. Une liaison amou- reuse qui se termine mal ou une mauvaise amitié peuvent vous contraindre au célibat pour le reste de vos jours. À la racine de nos dépendances émotionnelles se trouve la structure de nos croyances qui nous mine continuellement en nous répétant sans cesse : (1) que nous finirons seuls ou abandonnés, et (2) que nous perdrons le contrôle de la réalité.

## Le contrôle, principale dépendance

La peur de perdre le contrôle est la plus puissante des moti- vations humaines et le contrôle, la principale dépendance. Ce n'est pas le manque de courage qui nous empêche d'avancer, comme le croient la plupart des gens, mais la peur de perdre le contrôle. Nous voulons absolument contrôler et quand nous sentons que ce n'est pas possible, nous nous figeons. Celui qui craint de perdre le contrôle est comme le cerf aveuglé par les phares d'une voiture : au lieu de courir vers le bois et la sécurité, il se fige, incapable d'aller à droite ou à gauche.

Nous sommes tous, jusqu'à un certain point, des fanatiques du contrôle. Nous cherchons à contrôler les événements afin d'être toujours certains du résultat. Nous nous imposons de grandes pressions quand nous cherchons à tout prix à contrôler les événements de notre vie. Mais cela ne nous en assure pas le contrôle, cela ne fait que nous mettre de la pression.

Votre lutte acharnée pour tout contrôler est une façon de dire : « J'ai peur de ne pas réussir. » Cette peur est une forme très subtile d'athéisme car, à son tour, elle vous dit : « Il n'y a pas de Dieu pour vous aider. » Le doute vous saisit et vous vous figez encore une fois.

Le doute est une façon de dire : « Je ne sais pas. » Et la peur d'ajouter : « C'est impensable… Vous n'avez plus le contrôle. »

Le Guerrier Spirituel transforme le doute en outil. Il ne cherche pas à le contrôler et refuse de se laisser contrôler par celui-ci. Il s'en sert de la même façon que l'on utilise un garde-fou le long d'une route longeant un précipice : pour marquer la limite entre la route et le vide. Dès que vous sentez un doute, revenez en arrière jusqu'à ce que vous vous sentiez de nouveau sur la terre ferme.

## Apprivoiser la peur

En tant qu'êtres humains, nous sommes dotés d'une nature complexe à facettes multiples. Quand nous avons peur, notre peur domine tout. Elle nous fige, nous immobilise.

Tout cela parce que nous refusons de rester calme devant la peur. Nous ne voulons pas êtres patients. Nous refusons d'accepter ce moment et d'être simplement présent dans la réalité. On cherche à l'éviter à tout prix. On s'accroche à quelqu'un, à une idée, à un symbole, à n'importe quoi pour nous distraire de notre peur et éviter de nous lier d'amitié avec son énergie.

Or, nous avons bien mal étiqueté ce sentiment. Car il ne s'agit pas seulement de la peur, mais aussi d'une forme d'expression du Divin, comme tout est une expression du Divin. Le Divin est tellement puissant que s'il nous était servi à souhait sur un plateau d'argent, on ne le reconnaîtrait pas. C'est pourquoi il nous vient comme un typhon, un raz de marée. Et on dit : « Oh! Mon Dieu! » Et, c'est exactement cela.

Mais si vous pouviez comprendre que le raz de marée n'est que métaphore, et qu'il ne peut vous faire de mal, alors vous pourriez rester là où vous êtes malgré la vague. Elle vous envelopperait et vous verriez alors que vous êtes dans le Divin. (Et dire que pendant toutes ces années vous aviez peur.)

Comme cet homme qui n'ose pas demander à une jeune fille de danser de crainte qu'elle refuse. Pendant ce temps, la jeune fille attend et espère qu'il l'invitera à danser, c'est pourquoi elle est là. Mais pour lui, la peur du rejet surpasse son désir de danser avec la jeune fille. De la même façon, le Divin attend qu'on l'invite, mais on ne l'invite pas de peur d'être rejeté, de perdre le contrôle, d'être abandonné ou encore de se sentir seul.

Apprivoisez la peur. Quand vous la sentez qui s'approche, dites-lui : « Tiens bonjour, mon amie. Viens t'asseoir avec moi. Voyons ce que tu me réserves. » Asseyez-vous avec la peur. Observez-la. Dites-vous : « Voilà la peur, mon amie. »

**La plupart d'entre nous considérons la peur comme une ennemie. Alors comment peut-elle être votre amie? Parce qu'elle vous révélera toute sa puissance, le fait qu'elle ne soit qu'un voile qui masque le Divin.**

# Abandonner le contrôle

**Nous refusons de voir et de reconnaître la puissance parce qu'elle est déguisée sous les traits de la peur. Si quelqu'un vous disait : « Je vais vous révéler la toute puissance de l'univers », le verriez-vous comme un ennemi?**

## Abandonner le contrôle

Du moment que nous comprenons que nous ne pouvons avoir le contrôle, alors nous pouvons l'abandonner à celui qui contrôle réellement : Dieu. Nous pouvons Le laisser continuer à diriger l'univers. Il arrive parfois que nous percevions le pouvoir caché de Dieu, mais nous le ressentons sous forme de peur et nous nous contractons. Mais rien en Dieu n'inspire la crainte. La crainte ou la peur ne sont que des termes, des étiquettes que nous apposons sur notre propre révérence et peut-être aussi sur notre ahurissement quand nous ressentons Son pouvoir, un pouvoir impossible à comprendre et qui fait que nous nous sentons en perte de contrôle, d'où la peur.

Tous, autant que nous sommes, nous voulons expérimenter la vie et la vitalité. Nous voulons aussi une vie sécuritaire et à l'abri du danger : nous voulons la contrôler. Or, quiconque a déjà eu peur et a foncé malgré sa peur a étreint l'ennemi. Et la peur s'est transformée en confiance et en une vive impression d'accomplissement. De telles personnes sont toujours prêtes à recommencer. Il se peut que la première fois ait été accidentelle, non voulue, mais la deuxième fois, c'est par choix que ces personnes décident de foncer malgré leur peur. Enfin, quand nous choisissons de faire quelque chose, nous devenons libre dans ce choix. Pas libre *de* ce que nous avons choisi, mais libre *dans ce* que nous avons choisi.

## Le parfait abandon constitue une protection absolue

Il faut souvent abandonner le contrôle pour recevoir ce que nous demandons. La plupart des gens voient l'abandon comme un geste négatif. Ils pensent qu'il s'agit d'une défaite. Mais voyons cela autrement : abandonner est un geste de protection. Par exemple, les pays qui se rendent au lieu de continuer à se battre commencent dès lors à guérir et à bâtir. Ceux qui persistent dans des luttes à n'en plus finir et qui refusent d'abandonner, de se rendre, poursuivent une pente descendante, un déclin. Ils continuent à tuer et à détruire, à être tués et à être détruits. Quand j'étais plus jeune, on devait crier : « S'il vous plaît, mon oncle! » Quand nous nous chamaillions, et que nous avions le dessus, si l'autre criait : « S'il vous plaît, mon oncle! » la bataille était aussitôt terminée et on le laissait se relever. Abandonner, c'est arrêter de se battre. Ce n'est pas de la lâcheté et c'est souvent la décision la plus sage.

## La structure de nos croyances par rapport à la réalité

Il nous faut continuer à mûrir. La croissance et le développement font partie de notre nature. Quand nous ne sommes pas en train de croître et de nous épanouir, nous ressentons des douleurs et des maux divers, des souffrances et des angoisses parce que notre nature nous pousse toujours à l'encontre de l'inertie. Elle exige de croître. Mais nous avons peur du changement. Nous luttons vigoureusement pour rester tels que nous sommes, à un niveau familier. Une telle attitude est fausse et va à l'encontre de la vérité. La vie n'est pas ainsi faite.

Maintenant que vous savez que le contrôle est la principale dépendance et que vous êtes prêt à l'abandonner, prêt à sentir la peur et à marcher côte à côte avec elle, vous connaissez l'un des plus grands secrets du Guerrier Spirituel : *Croître malgré la contraction.*

# Parmi les secrets du Guerrier Spirituel : Croître malgré la contraction

Les états de contraction comme les pensées négatives, jouer à la victime, s'accrocher à de vieilles blessures ou se plaindre, nous empêchent de prendre conscience de la réalité.

La résistance, qui constitue l'état de contraction ultime, est l'ennemi numéro un du Guerrier Spirituel. La résistance engendre la discorde, la maladie et la violence. Lorsque nous résistons à notre propre nature divine, nous commettons un acte de violence envers nous-même. Ironiquement, si nous résistons aussi au côté sombre en nous, nous commettons là encore un acte de violence. Pour celui qui cherche la voie de la conscience, la résistance peut s'avérer une pierre angulaire ou une pierre d'achoppement.

Et on ne peut vaincre la résistance en tentant d'y résister.

Le Guerrier Spirituel vit avec spontanéité, en lâchant prise constamment. Les gens ordinaires cherchent à tout justifier ; ils cherchent la reconnaissance pour ce qu'ils accomplissent et ils ont toujours besoin de blâmer quelqu'un pour ce qui ne fonctionne pas. S'ils ne trouvent pas de raison, ils en inventent une. Si la raison qu'ils inventent est réfutée, ils en trouveront une autre pour la remplacer.

Voici la clé : *Oubliez vos raisons, elles seront toujours parfaites.* Elles ne veulent rien dire. Elles vous maintiennent dans un état de contraction. Vous n'avez pas à justifier votre vie. Vivez tout simplement. Soyez spontané et agissez selon votre cœur. Il n'est pas nécessaire d'attendre que tout soit en place avant de vous détendre. Détendez-vous, tout simplement . Vous n'avez besoin de personne pour vous faire rire. Riez, tout simplement. C'est tellement simple. Pourtant nous ne le faisons pas… Nous avons mille et une raisons pour ne pas le faire.

En fin de compte, il suffit, pour croître, d'abandonner sa résistance.

# Chapitre 2

## Accepter l'ennemi intérieur

Il faut nous rendre dans la partie obscure de nous-même
et aimer cet endroit sombre.

L'amour est la clé du Royaume.

Il faut l'accepter

et reconnaître

qu'il fait partie de nous.

En tant que Guerriers Spirituels, quoi qu'il arrive, nous ne devons jamais devenir victimes. Cela ne veut pas dire que nous ne puissions pas dire « stop ». Mais il ne faut pas le dire à titre de victime. Effectivement, il arrive, dans la vie, qu'en essayant d'accomplir des choses, on se bute à d'autres, à un conjoint, un patron, un enfant, un parent ou un voisin, et on découvre que même en essayant d'agir honorablement, certaines personnes se sentent victimes de nos actes. Or, le Guerrier Spirituel bannit tout ce qui, de près ou de loin, ressemble à un comportement de victime.

> **Être victime signifie qu'on laisse ses émotions dicter sa façon de percevoir et de prendre conscience de la réalité. Comment cela se fait-il? Il y a, en chacun de nous, un côté sombre que nous devons apprendre à confronter. Ce côté sombre, obscur, est un ennemi assuré de notre intention profonde. Il ressemble à ce petit diable, dans les dessins animés, qui s'assoit sur notre épaule et nous murmure à l'oreille. Il nous parle des côtés négatifs du monde et de ceux qui nous entourent. Il nous les peint sous leur jour le plus sombre et nous raconte toutes les choses terribles que font ces gens.**

## L'inconscient

D'après la psychologie classique, quand vous parlez aux autres des choses terribles qu'ils font, vous faites de la projection. Pour ma part, j'en vois les preuves chaque jour. Par exemple, je reçois des lettres de tous les coins du monde dans lesquelles des gens me racontent toutes les choses terribles qu'on leur a faites. Des choses qui les ont peinés ou blessés dans leur évolution spirituelle. Mais plus souvent qu'autrement, quand j'y regarde de plus près, je me rends compte qu'ils exagèrent et même parfois qu'ils ont tout à fait tort de se considérer comme des victimes.

**D'où viennent alors ces vives impressions de mauvais traitement et de cruauté? Elles viennent de l'intérieur de la personne qui se plaint. Cette personne est pleine de ressentiment non exprimé qu'elle dirige sur quelqu'un d'autre. Les victimes ont toujours l'impression que les émotions qu'elles projettent sur leur ennemi viennent en fait de celui-ci. La projection déshumanise et rend diabolique. Quand on déclare qu'une personne est complètement dans l'erreur, qu'elle est mauvaise ou malveillante, alors on pense qu'on peut lui faire n'importe quoi, qu'elle ne mérite pas mieux.**

La victime et l'ennemi intérieurs : si nous voulons faire quelque chose de valable ici-bas, pour nous-même ou pour quelqu'un d'autre, il faut nous méfier de la victime et de l'ennemi intérieurs qui minent et sapent tout le bien que l'on fait. Vous êtes celui qui se rend victime. Et qui est l'ennemi? C'est vous. Vous êtes à la fois l'ennemi et la victime!

L'une des plus belles histoires que je connaisse est celle du fils prodigue. Dans cette parabole, le plus jeune des deux fils demande son héritage à son père. L'ayant reçu, il part et s'en va dans un pays éloigné où il dilapide toute sa fortune en buvant et en faisant mille et une folies. Puis, se retrouvant sans le sou, il revient à la maison et s'abandonne à la merci de son père. Ce dernier le reçoit à bras ouverts, mais son frère aîné, qui a travaillé fort pendant toutes les années d'exil de son frère, qui s'est occupé de leur père et l'a aimé, n'est pas particulièrement heureux du retour de son jeune frère. Il boude et considère que les honneurs faits à son frère sont autant d'affronts tacites dirigés contre lui.

En regardant cette histoire du point de vue de la psychologie, on peut mieux saisir le processus de projection. Par exemple, une partie de vous part pour aller danser et s'amuser et elle perd tout son argent pendant que l'autre partie, vertueuse et obéissante, travaille d'arrache-pied. Il s'agit, bien sûr, des deux parties d'une même personnalité. La partie vertueuse, symbolisée par le frère aîné, dit : « Je ne veux pas que ce renégat revienne à la maison. » Mais l'Âme, la partie médiatrice de notre personnalité, répond : « Holà! Cette partie a sa place ici, tout autant que toi. C'est sa maison autant que la tienne. » Alors, à contrecœur, vous lui permettez de rester. Mais, si vous voyez quelqu'un faire quelque chose qui *ressemble* à ce que fait votre côté sombre, vous projetez votre jugement sur cette personne malgré qu'elle n'ait peut-être même pas fait ce que vous croyez.

Pour avoir l'esprit lucide et une meilleure maîtrise de soi, il ne faut pas rejeter son côté sombre. Il faut, au contraire l'étreindre et l'embrasser comme s'il s'agissait de son frère, de l'autre partie de sa personnalité. La Bible dit : « Laissez Dieu parfaire en vous ce qui a été amorcé. » Mais qu'entend-on par le mot « parfaire »? Est-ce une sorte d'idéal utopique? Est-ce que cela veut dire que vos pieds ne se salissent pas, que vous marchez sur l'eau, que vous flottez dans les airs? Le mot « parfaire », qui vient de l'araméen, signifie rendre complet. L'état de perfection n'est donc pas un état d'élévation mais un état de complétion. Être parfait ne signifie pas être élevé, mais être complet.

La première des cinq caractéristiques du Guerrier Spirituel est l'acceptation. Si vous regardez à l'intérieur de vous-même et que vous vous dites : « Cette partie de moi contient des pensées inopportunes et souhaite faire des choses incongrues. Cette partie de moi me ment. Si les gens savaient ce que je pense et ce que je souhaite, ils ne m'adresseraient plus la parole. Je suis terrible! » Qu'est-ce que de telles pensées révèlent de votre niveau d'acceptation? Le Guerrier Spirituel ne s'irrite pas des limitations de la nature humaine. Il ne lutte pas pour tenter de se libérer de son côté sombre. Quand on accepte son côté sombre, on a vraiment l'impression de voir disparaître le carcan qui nous y enchaînait.

**Notre pire ennemi**

Ceux qui habitent cette planète sont de bonnes gens. Pourtant nous considérerions comme étrange celui qui clamerait : « Je suis une bonne personne. » Nous serions beaucoup plus à l'aise s'il disait : « Je suis un pécheur et un vaurien. » Il m'est difficile de comprendre un tel raisonnement. Pourquoi ne pas reconnaître sa propre valeur? Pourquoi est-ce si inhabituel d'avouer que l'on est bon, spirituel ou beau? Pourquoi est-ce si facile de dire que l'on est un saligaud, que l'on gaspille sa vie ou que l'on est plein de remords et d'angoisses?

Le Guerrier Spirituel n'a pas de temps à perdre avec la fausse modestie et la mésestime de soi. Sachez donc qu'il est possible que vous ne soyez pas digne de Dieu sans que Dieu vous rejette pour autant. Vous avez même une grande valeur à ses yeux. Sans vous connaître, je puis vous assurer que vous êtes une personne de grande valeur! Qu'importe à quel point les gens sont mauvais ou ignorants, ils ont de la valeur.

Si vous refusez d'accepter votre propre valeur, votre bonté et vos compétences, la voie du Guerrier Spirituel n'est pas pour vous. Il est en effet essentiel que vous ayez une bonne opinion de vous-même sinon vous n'atteindrez jamais une plus grande conscience, vous n'arriverez qu'à des sentiments d'indignité et de mépris. Et quand vous vous déclarez méprisables, vous niez en fait l'amour que Dieu a pour vous ; vous ne Lui laissez pas l'occasion de vous aimer.

Votre destin, ce que vous êtes venus faire et apprendre ici-bas, se trouve à l'intérieur de vous. Comme le côté sombre en vous, comme l'ennemi en vous. Est-ce si difficile d'admettre que la lumière et l'obscurité peuvent et *doivent* co-exister en nous?

Il est écrit dans la Bible « Cherchez plutôt le Royaume de Dieu ; et toutes ces choses vous seront données. » Qu'est-ce que cela signifie? Qu'il faille d'abord accéder au Royaume des Cieux pour que tout le reste nous soit donné? Relisez le passage. Ce n'est pas du tout ce qu'on y dit. On dit *chercher*, et non *accéder*.

## Exploiter sa créativité

Qu'est ce qu'on découvre quand on cherche ce « Royaume des Cieux »? Peu de gens le savent, il s'agit de sa créativité. Et d'où vient l'énergie pour cette créativité? De cet immense réservoir qu'est l'inconscient.

Quand on frappe à la porte de l'inconscient, ce qui peut se faire de bien des manières, par l'odeur, le mouvement ou la couleur, il y a libération d'énergie. Notre ego tente de réprimer cette énergie, par peur de la nouveauté et de la liberté qu'elle offre. Mais si nous refusons d'ouvrir l'inconscient et de libérer son contenu, il viendra un temps où il éclatera, sous sa pire forme, comme maladie ou encore comme déviation psychologique.

Mais si nous savons puiser dans l'inconscient, celui-ci s'avère un immense réservoir de ressources. Il nous faut aller dans la partie sombre et obscure de nous-même et l'aimer. Car l'amour est la clé du Royaume. Il faut accepter et reconnaître que c'est une partie de ce que nous sommes.

J'ai souvent entendu dire qu'une fois que l'on avait avoué son ignorance et accepté cette obscurité énigmatique, on se sentait merveilleusement libre. Cela va de soi, parce qu'enfin on ne cherche plus à refréner toute cette énergie ou à bloquer l'Esprit. Au contraire, on s'y abreuve. On ne dit plus : « Je refuse de voir ce côté de moi. Ça ne peut pas faire partie de moi, de ce que je suis. » Au contraire, on dit : « Voilà en fait ce que je suis, où j'en suis actuellement. »

Pour moi, les enfants sont comme des fenêtres qui donnent sur l'immense énergie de l'inconscient. Je connais une petite fille qui s'appelle Claire. Devinez ce que nous faisons ensemble? Tout ce qu'elle veut. Elle est parfaitement à l'aise avec moi, tellement que c'en est parfois stupéfiant. Si je lui résistais, que je la traitais comme une adulte ou une adversaire, si je voulais la changer ou l'améliorer, je serais non seulement absurde, mais pire encore j'anéantirais toute son intelligence, sa beauté et son sens du merveilleux. Récuser l'authenticité de cette enfant équivaudrait à renier Dieu. Cependant, le fait de reconnaître Dieu dans cette enfant ne veut pas dire qu'elle ne se salit pas les mains en jouant.

Les enfants ont beaucoup à nous apprendre. Il suffit de nous rendre compte qu'ils peuvent s'avérer de véritables professeurs. Il y a en Claire une grande inconscience. Elle y puise automatiquement. Elle s'en sert et en retire son énergie. Cela lui confère une grande indépendance. Claire est à la fois un petit ange et un petit tyran. Elle obtient ce qu'elle veut. Je pourrais facilement jouer la victime quand elle m'interrompt, mais ce serait nier la bonté et la beauté qu'elle projette.

Enfin, pourquoi ne pas accueillir tout le monde comme j'accueille Claire? Pourquoi jouer la victime? Il n'est pas nécessaire de se lier avec tous ceux que l'on rencontre. On peut choisir son niveau d'engagement. Mais si nous refusons de reconnaître notre irritation ou notre joie, si nous ne tentons pas de les maîtriser, ils nous rendent fous. On devient nerveux, contrarié, irritable. On a des crises d'angoisse ou de terreur, des accès de dépression. Tous ces états ne sont en fait que des signes que l'on n'accepte pas certaines parties ou certains côtés de nous-même.

Vous pensez peut-être : « Mais vous ne savez rien de ce qui m'est arrivé. Les difficultés auxquelles je me suis heurté, les épreuves que j'ai traversées... » Oui, je comprends tout cela, mais rappelez-vous que tous, nous faisons face à des problèmes. Ce ne sont pas les problèmes ou les blessures qui vous rendent spécial. Quelle que soit la situation dans laquelle vous vous trouviez, il n'y a qu'une option : en profiter. Quand tout va mal, asseyez-vous et dites : « Je m'aime quand même. »

Le dire une fois ne suffit pas. Il est possible que vous soyez tout aussi vulnérable qu'avant. Alors une fois que vous avez commencé, continuez d'avancer sans regarder en arrière. Si vous vous retournez, vous vous apercevrez que vous êtes en terrain inconnu et votre peur vous dira que vous ne savez pas ce qui se passe ni où vous allez ni comment il se fait que vous soyez là.

Un dernier mot sur les victimes et les ennemis.

**L'extérieur, la façade que je présente n'est pas véritablement moi. C'est par la réflexion de la lumière que vous me voyez. Mais je suis la Lumière et non sa réflexion, tout comme vous.**

# Accepter l'ennemi intérieur

Alors je ne vous juge pas selon votre apparence, je vous accepte tant dans votre essence que dans la manière dont vous vous présentez à moi.

## Aimer son ennemi intérieur

Pouvez-vous faire face à un ennemi et lui dire : « Je vous aime »? Particulièrement s'il s'agit de l'ennemi entêté qui est en vous? Oui, vous le pouvez. Et je vais vous dire ce qui arrive quand vous le faites. Une fois que vous aurez vraiment accepté votre côté sombre, il se transformera et vous aidera. Votre entêtement fera place à la détermination. Au moment même où vous l'acceptez, l'obscurité se transforme et toute la puissance qui vous bloquait auparavant devient une puissance d'ascension, d'élévation.

**Quand vous vous sentez vraiment négatif et que vous en parlez, non pas comme une victime, mais en faisant face à l'ennemi et en l'aimant, vous dites : « Tout vient de Dieu ». Tout. Ce qui inclut aussi le négatif. Or, négatif ne signifie pas mauvais ; c'est par notre jugement que les choses deviennent mauvaises.**

## La pensée critique

Un jour, quelqu'un m'a demandé : « S'agit-il seulement de pensée positive? » Je lui ai répondu : « Qu'entendez-vous par *seulement*? » Mais non, ce n'est pas la même chose. Si vous pratiquez la pensée positive, vous aurez l'impression de ne pas réussir si vous avez des pensées négatives. Voilà qui peut s'avérer très décourageant, surtout si, comme moi, vous avez facilement des pensées négatives.

## John-Roger

Je préfère pratiquer la pensée critique. Je ne veux pas dire « critique » au sens de « jugement négatif », non, la pensée critique consiste à examiner toutes les possibilités, à considérer toutes les issues possibles. La pensée critique ne devient négative que si j'y projette mes émotions. Mais si j'arrive à utiliser mon intellect, à observer, à regarder et à comprendre, je peux transformer les possibilités en solutions réalisables.

Comment? Voici une petite métaphore. Vous entrez dans une pièce obscure et vous y cherchez quelque chose. Vous ne savez pas vraiment où se trouve la chose. Plutôt que de tâtonner au hasard à la recherche de cette chose, celui qui pratique la pensée critique cherchera d'abord l'interrupteur. Une fois la lumière allumée, il est facile de trouver ce que l'on cherche.

### Focaliser de manière positive

Si la pensée critique constitue une orientation positive, mais qu'il ne s'agit pas de pensée positive, alors de quoi s'agit-il? Il s'agit en fait de focaliser de manière positive. Pourquoi focaliser positivement plutôt que penser positivement? Avec la pensée positive, on peut être en train de se noyer et on se dira que tout va très bien. Or, en focalisant positivement, on se dira que tout ira très bien une fois que l'on aura atteint le rivage. Alors on se concentre sur le rivage et on se met à avancer vers celui-ci. On se dit : « J'avance vers un but. Je l'aperçois. Si des pensées négatives surgissent, elles ne m'empêcheront pas d'atteindre mon but car je le vois toujours. Je peux contourner la négativité et garder le cap. Je peux même faire appel à mon ennemi intérieur pour m'élever. Je peux me lier d'amitié avec ce dernier et le convertir en énergie utile. »

# Accepter l'ennemi intérieur

Comment un élément négatif peut-il nous remettre sur la bonne voie? Disons, par exemple, que vous travaillez à quelque chose d'important et que le téléphone sonne. Vous avez oublié de mettre votre répondeur en fonction et la personne qui appelle sait que vous êtes là. Vous pouvez vous sentir frustré, irrité et répondre en maugréant ou vous pouvez utiliser la sonnerie du téléphone pour vous faire penser de prendre une pause, de vous étirer, de dire une courte prière pour vos enfants.

## Devenir entier

**Je suis convaincu que tout ce que l'on entend et que l'on fait de négatif, de même que ce que les autres font de négatif, résulte de deux motivations primaires : Je veux donner de l'amour et je veux recevoir de l'amour. Alors, pourquoi pas, à l'instant même, s'armer contre l'échec, le subterfuge, la tromperie et aller directement à l'amour?**

On ne peut aller nulle part dans le monde de l'Esprit si l'on n'amène pas avec soi son essence. Il s'agit de notre intégralité et elle comprend toutes les facettes de la personnalité et de l'Âme. Quand on commence à devenir entier et complet, la bonté divine qui se trouve en nous jaillit emportant dans son élan notre personnalité, qu'elle élève. Ce qui ne signifie pas que le côté négatif en nous disparaît pour autant. Mais si on l'accepte, il perdra son pouvoir et cessera de nous contrôler.

Vous est-il déjà arrivé de faire quelque chose et de vous dire : « Quelle perte de temps »? Bien sûr. En focalisant positivement, vous diriez « Ce n'était pas une perte de temps. J'ai eu tort. La prochaine fois je serai libre de le faire comme il se doit. » Mais si vous persistez à défendre vos erreurs, en inventant des raisons et des excuses, vous ne pourrez pas avancer dans la vie, vous resterez cloué à votre erreur.

Les entraîneurs de bébés éléphants utilisent de grosses chaînes qu'ils passent autour d'une de leurs pattes et qu'ils attachent à un pieu solidement fixé au sol. Ils laissent ensuite l'éléphanteau tirer et tirer jusqu'à ce qu'il se rende compte qu'il ne peut aller nulle part. Cet exercice est répété maintes et maintes fois pendant deux ou trois ans. Par la suite, les entraîneurs utilisent un pieu beaucoup plus petit et ils y attachent l'éléphant avec une simple corde. L'animal se fiant à son expérience n'essaie même pas de tirer sur la corde. Un si gros animal devient donc victime d'un simple bout de corde et se trouve aussi solidement retenu que s'il était attaché avec de lourdes chaînes.

Quand on joue à la victime, on se comporte comme cet éléphant. On agit de manière humaine, on parle de manière humaine, mais on réagit comme un animal. Or, il ne suffit que d'un regard neuf, d'une pensée nouvelle pour nous libérer complètement.

Une fois que vous avez appris à aimer l'ennemi intérieur, une fois que vous l'étreignez et l'embrassez, celui-ci se transforme et vous cède son pouvoir. Vous disposez, à ce moment-là, des plus belles richesses de l'existence. La capacité et la force d'entreprendre de même que l'énergie pour réaliser ce que vous entreprenez. Voilà la véritable richesse, celle dont découlent notre santé et notre bonheur.

# Parmi les outils du Guerrier Spirituel :
# Purger l'inconscient par l'écriture libre

L'inconscient constitue l'une des influences les plus puissantes et ce, à cause de l'essence même de sa nature qui nous empêche de reconnaître son influence avant qu'elle ne fasse surface. On peut réfléchir, ressentir et faire des choses qu'on n'arrive pas à expliquer ; on peut être atteint d'une maladie ou d'une douleur et ne pas en connaître la cause. Il est impossible d'explorer l'immensité de l'inconscient. C'est lui qui marque la limite entre notre état de veille de notre véritable nature spirituelle. Pour devenir conscient de son Âme, il faut traverser la frontière de l'inconscient. Ce faisant, nous perdons une partie de notre état de conscience. C'est pourquoi tant de gens parlent de leur nature spirituelle mais que si peu se rendent compte qu'il s'agit en fait d'une expérience de vie.

La principale résolution du Guerrier Spirituel est de prendre conscience de sa nature spirituelle. J'ai formulé ma propre résolution comme suit : « Je garde les yeux posés sur Toi, Seigneur, sur Toi seul. » Vous voudrez peut-être formuler votre résolution différemment, mais l'idée de base sera la même.

Voilà des années que j'utilise l'écriture pour m'aider à purger mon inconscient. C'est très simple. Je vous indique ci-dessous comment je m'y prends, mais vous pouvez modifier la démarche et l'adapter à vos propres besoins.

1   *Trouvez  un endroit tranquille et asseyez-vous avec un stylo et du papier.*

Je vous recommande d'allumer une bougie.  Il arrive parfois, quand on écrit, que des émotions négatives surgissent et soient libérées dans la pièce.  Étant donné qu'elles tendent à s'orienter vers la flamme, il s'agit d'un moyen simple de les éloigner de vous et de garder la pièce libre de négativité.

Il ne faut pas, dans cet exercice, que vous laissiez le stylo écrire et que vous lisiez ensuite ce qu'il a écrit.  Ce ne serait que de l'écriture automatique, un procédé tout à fait différent.

2.  *Laissez-vous pénétrer de vos pensées et transférez-les dans votre stylo.*

Il se peut que vous ne finissiez pas toutes vos phrases, tout dépendra de la vitesse avec laquelle vos pensées surgiront.  Par exemple, la pensée « aller au restaurant ensemble » surgit.  Comme vous entamez le mot « ensemble » il se peut que vous n'ayez que le temps d'écrire E-N-S-E… et que le prochain mot, la prochaine pensée soit « aide ».  Vous pouvez n'écrire que A-D-E. Mais cela n'a pas d'importance parce que vous savez ce que vous voulez dire.

Il est important de ne pas utiliser de machine à écrire ou d'ordinateur.  L'écriture libre constitue une activité kinesthésique : les impulsions nerveuses provenant des doigts sont acheminées jusqu'au cerveau pour que l'action d'écrire libère et donne forme aux schémas de l'inconscient. Je les appelle les « ballons de plage » : toutes ces choses que nous avons tues depuis très, très longtemps et dont la répression épuise nos énergies. Ces choses profondément enfouies peuvent véhiculer de très fortes émotions. Il peut donc vous arriver d'écrire en appuyant très fortement sur votre stylo et c'est pourquoi je ne recommande pas l'emploi du crayon : la mine casserait et vous perdriez le fil.

Vous vous mettrez parfois à écrire avec frénésie et à d'autres moments, vous écrirez lentement. Mais vous devriez, tout au long de cet exercice, écrire continuellement puisqu'il y a toujours des pensées dans votre esprit et qu'il faut les écrire même s'il s'agit de quelque chose du genre : « Je ne sais vraiment pas pourquoi je fais ceci. Que devrais-je écrire? Hmmm. »

3. *Quand vous aurez fini d'écrire, ne vous relisez pas. Déchirez vos écrits et brûlez-les.*

Après avoir pratiqué l'écriture libre pendant un certain temps, vous commencerez à vous sentir inspiré, vous développerez un style d'écriture et vous voudrez peut-être conserver certains de vos écrits. Mais après l'exercice, vous ne vous souviendrez pas où se trouve le passage que vous voulez conserver et vous devrez vous relire. Ne le faites pas. L'énergie et la négativité libérées sur le papier peuvent vous revenir si vous vous relisez. Vous pouvez par contre, au fur et à mesure que vous écrivez et que vos pensées jaillissent, écrire sur une autre feuille vos pensées inspirées, ainsi séparées du reste du jet principal, et vous pourrez y revenir plus tard. Quand vous aurez terminé l'exercice, écrivez ou transcrivez dans un livre distinct les pensées que vous voulez conserver. Vous pouvez ensuite brûler tous les originaux.

4. *Sachez que vous ne vous abandonnez pas à l'écriture dans cet exercice parce que vous demeurez toujours en contrôle de ce que vous faites.*

Tout en faisant cet exercice, vous vous apercevrez probablement que vous vous sentez mieux. Ce que vous mettez par écrit représente souvent ce qui vous trouble et vous verrez que la pression s'allégera au fur et à mesure que vous écrirez. Les comportements obsessionnels, les habitudes et les routines peuvent disparaître soudainement et vous ne saurez ni pourquoi ni comment, seulement que ces comportements n'existent plus. Vous serez soulagé et vous aurez l'impression qu'on vous a libéré d'un poids. En outre, c'est souvent l'absence de pression ou de souci qui nous fait réaliser ce qu'on endurait! Telle est la nature de l'inconscient.

Quand la pression ou le problème disparaît, je vous recommande fortement de ne pas vous poser de questions sur la nature de ce qui vous dérangeait parce que vous pourriez, en le découvrant, le réintégrer. Notre pouvoir de création est grand. Le simple fait de penser que vous êtes content d'en être débarrassé pourrait réactiver votre souvenir et « pouf! » c'est revenu.

J'insiste parce qu'il est très difficile de se libérer de quelque chose une deuxième fois. Et je vous parle par expérience personnelle. Il m'est arrivé, une fois, de repenser à quelque chose dont je venais tout juste d'être libéré et j'en ai eu pour quinze ans à tenter de m'en libérer une seconde fois. Chaque jour je me rendais compte que je n'avais pas réussi à m'en défaire alors j'ai continué à y travailler. Et un jour, c'est parti. J'ai découvert la nature de cette pensée une fois qu'elle eut disparu à cause de l'endroit ou elle s'était exprimée dans mon corps. J'ai souri et me suis mis à faire autre chose pour ne pas y penser, pour ne pas chercher à savoir si je m'en étais bel et bien libéré. La pensée humaine est parfois bien étrange. On se dit : « Mais est-ce réellement parti? » Et en faisant cela, on le ramène. C'est un peu comme si après avoir cessé de fumer, on fumait une cigarette pour s'assurer que l'on est vraiment libéré de cet esclavage. Et en faisant cela, on reprend l'habitude. C'est pourquoi je vous conseille de ne pas analyser ce que vous laissez partir. Laissez-le partir tout simplement.

5. *Ne montrez jamais vos écrits.*

Verrouillez votre porte s'il le faut et si l'on y frappe ne vous sentez pas obligé de répondre. Vous pouvez avertir les gens que si votre porte est verrouillée et qu'il y a une indication de ne pas déranger, de bien vouloir respecter cette requête et que vous n'en avez probablement que pour une heure ou deux.

6. *Commencez lentement et fixez-vous comme objectif d'écrire pendant au moins une heure.*

L'idéal serait d'écrire pendant deux heures à chaque séance. Chacun est différent, mais pour voir de véritables changements, je recommande un minimum de trois séances par semaine pendant au moins trois mois. Avec le temps, il se peut que l'exercice ne vous prenne plus qu'une quinzaine de minutes, mais il vous faudra probablement un an pour en arriver là.

La première fois que les gens font cet exercice, ils s'assoient et se demandent quoi écrire. Or, ils devraient écrire : « Je me demande ce que je devrais écrire. Ouais, c'est vraiment trop bête. Je pense que je dois vraiment avoir l'air idiot. Je me sens tellement bizarre. Courir… ne peux pas… oui… l'éléphant était là… non… les vaches sautaient… je ne peux pas… Je ne sais pas pourquoi je le fais. » Et on continue sur la page suivante.

Vous verrez que les pensées se mettront à couler. Elles peuvent être plus ou moins ordonnées. Vous vous demanderez peut-être pourquoi vous avez écrit éléphant vert. Mais ne vous contentez pas de le penser, écrivez-le : « Je me demande pourquoi j'ai écrit éléphant vert. » L'acte d'écrire vous ouvrira l'esprit et le réservoir d'informations pêle-mêle se mettra à libérer l'énergie qui y était réprimée.

### Les effets de l'écriture libre

J'ai vu des résultats spectaculaires avec l'écriture libre. Cet exercice pourtant simple a permis à de nombreuses personnes de se libérer de patterns psychologiques restrictifs. D'autres ont vu disparaître des douleurs physiques ou des souffrances émotionnelles. Bien que l'écriture libre n'aide pas vraiment la spiritualité, elle permet de clarifier ses pensées et de se sentir mieux. Deux pas dans la bonne direction pour quiconque veut s'adonner à des exercices de spiritualité pour aider à développer sa spiritualité. (J'y reviendrai plus loin.) Une fois l'inconscient libre, on est mieux en mesure de prendre conscience de son Esprit.

L'écriture libre est un moyen très efficace pour prendre conscience de son Âme. Quand on voit des gens souffrir de la perte d'un être cher, il arrive que l'on soit attiré vers eux de manière négative. Pour ma part, je passe alors beaucoup de temps à écrire pour me libérer d'une telle restriction. On peut faire preuve d'une grande empathie envers autrui sans pour autant se laisser engouffrer dans leur peine.

L'écriture libre que je préconise ne relève pas du simple griffonnage. Ces exercices doivent avoir une certaine forme, une certaine structure. On me demande si la couleur du papier a une importance. Réponse : « Seulement si vous le croyez. » La sorte d'encre? Seulement si vous le croyez. Une femme que je connais écrivait avec son doigt et elle a obtenu des résultats. Lorsqu'elle se trouvait dans des réunions, elle s'irritait parfois de voir agir les gens autour d'elle. Alors, tout de suite, elle écrivait dans sa main, avec son doigt, combien elle était exaspérée. Et, souvent, à la fin de la réunion, sa colère avait disparu.

Pratiquer l'écriture libre, c'est comme entailler un oignon. Vous entaillez l'oignon à partir du centre. Puis, vous laissez un espace et faites un autre trait et ainsi de suite. Si vous laissez l'oignon à l'air libre, après avoir fait plusieurs entailles, les sections taillées sécheront et pèleront d'elles-mêmes. Il ne restera, après un certaine temps, qu'une petite graine. De la même manière, en réglant certains problèmes au moyen de l'écriture, d'autres disparaîtront aussi.

Quand, après avoir écrit, vous vous sentez libéré d'un poids, réjouissez-vous dans cette sensation de liberté. Dès que vous sentez un poids s'envoler, levez-vous, étirez-vous et déplacez-vous pour expérimenter cette nouvelle liberté. Si vous laissez l'endroit s'ankyloser et se tendre, il se peut que vous ayez à faire face à un autre problème.

Souvent on a une impression de distanciation, comme si on reculait en soi-même, comme si on s'éloignait des choses. Elles semblent devenir de plus en plus petites. Ne vous inquiétez pas. Cela signifie que vous vous éloignez des choses matérielles.

L'écriture libre est un outil important pour le Guerrier Spirituel.

# Chapitre 3

## S'éveiller

Quand on observe,

on atteint tout à coup un état de paix

qui permet à l'énergie de l'Âme de s'activer.

Quand cette énergie s'active, on s'y harmonise.

On s'en empare et,

propulsé par celle-ci, on avance à l'intérieur de soi.

Et on se rend au-delà du temps.

Reconquérir son territoire intérieur, la voie du Guerrier Spirituel, signifie apprendre à s'éveiller. Quand on essaie de s'éveiller, on entre en fait dans un processus de déploiement. Bien des choses remontent à la surface et on s'aperçoit qu'elles occupaient beaucoup d'espace dans notre territoire intérieur. Il ne sert à rien d'essayer de résister aux pensées et aux émotions qui font surface. Pour revendiquer efficacement son territoire intérieur, pour maintenir l'harmonie et l'équilibre, il faut se mettre en *état d'observation*. On dit aussi état de « détachement », mais ce terme n'est pas tout à fait exact. Ce chapitre vous propose différentes façons d'atteindre l'état d'observation. En devenant adepte de cette pratique, vous comprendrez mieux l'importance de ce précieux outil du Guerrier Spirituel.

## Laisser faire

Souvent lorsque vous commencez à revendiquer votre territoire intérieur, votre esprit se met à courir partout à la fois, plein de pensées, de souvenirs, d'idées, bonnes et mauvaises, sérieuses et farfelues. Vous vous demandez quoi faire devant un tel tourbillon. La réponse : observer, tout simplement. C'est exactement la même chose avec ce qui vous dérange. Quand quelque chose vous irrite, prenez du recul et dites-vous : « Voilà l'exaspération qui vient. Comme c'est intéressant. » Nul besoin d'y mettre beaucoup d'émotion, ou de vous mettre à fantasmer.

En tant que Guerrier Spirituel, vous devez réaliser que de telles émotions et fantasmes sont sans fondement. Au lieu de vivre dans le passé, et de vous en rendre esclave, l'observation vous permettra de confronter ce qui vous irrite ou vous tracasse du passé et de ne plus en être troublé. La plupart des gens pensent que lorsque de telles pensées surgissent il faut *faire* quelque chose : expliquer, justifier, se culpabiliser. Mais il n'y a rien à faire. Il n'y a qu'à *observer* ces pensées.

Voici l'histoire d'une petite fille qui discutait avec son père.

« Papa, il y a une grosse araignée sur le mur de ma chambre. »

- Vraiment?

- Eh bien, je ne sais pas si elle est réellement là ou seulement dans mon imagination.

- Alors retourne dans ta chambre, couche-toi et observe-la.

Et la petite fille d'écouter son père, finit par s'endormir en observant la petite bête. L'araignée est disparue d'elle-même.

Plusieurs pensent qu'il faut sauter hors du lit, trouver un soulier et tuer l'araignée. Mais il n'y a qu'à l'observer et la laisser disparaître d'elle-même. Autrement dit, laisser faire. Et il en est ainsi avec la plupart des choses.

Vous pouvez inclure ce principe dans votre quotidien. Si vous avez des problèmes avec vos enfants, prenez un peu de recul et observez-les. Réagir sous l'impulsion du moment, imposer ses idées préconçues sur la manière dont les enfants *devraient* se comporter ne ferait qu'envenimer la situation. Observez. Soyez patient.

Vous vous demandez peut-être : « Et les projets? » Bien sûr, on peut faire des projets, *planifier*, mais il ne faut pas *vivre* ses projets à l'avance. Vous pouvez utiliser votre imagination sans projeter vos émotions dans l'avenir, sans vous inquiéter, sans anticiper les problèmes, car souvent le seul fait d'anticiper un problème suffit à créer des difficultés.

Il est si facile de se rendre malade en se concentrant sur sa négativité, ses jugements, sa culpabilité et son exaspération. Alors quand ces sentiments surgissent, observez-les tout simplement. De même, quand une distraction survient, observez-la. Quand votre main se lève et se pose devant votre visage, observez-la. Si une mouche vole autour de vous, observez-la. Au lieu de cela, plusieurs crient : « Oh! Mon Dieu! Une mouche pleine de microbes! » Et ils s'enfuient en courant.

## L'impatience

On a une telle expertise en matière de ce qui nous dérange qu'il arrive qu'on ne se rende même pas compte que l'on s'irrite et que l'on s'exaspère. Jusqu'au jour où on se trouve imprégné d'un énorme ressentiment et d'une grande impatience envers soi-même. Quand des gens viennent me dire qu'ils sont remplis de doute, il s'agit habituellement d'impatience pure et simple. Souvent ils n'ont pas de doute parce qu'ils n'en savent pas encore assez pour douter. S'ils ne savent pas ce qui se passe dans l'univers, et c'est généralement le cas, comment pourraient-ils en douter? Ils sont tout simplement impatients de trouver la paix, la satisfaction. Or, cela fait partie de la condition humaine.

L'impatience fait partie de notre négativité et elle nous distrait du moment présent. Que faire avec son impatience? Rien. Il n'y a rien à faire avec l'impatience, c'est plutôt l'impatience qui agit sur nous. Il n'y a qu'à l'observer,

S'il y a de la nourriture sur la table et que vous avez suffisamment mangé, arrêtez-vous. Observez-vous. Regardez ce que vous faites. Si vous avez mal à la tête et que vous avez l'impression que c'est le pire mal de tête au monde, observez votre mal de tête. Fermez les yeux et *regardez-le*. Vous vous direz peut-être : « Chaque fois que je ferme les yeux, j'y pense encore plus et ça devient encore plus douloureux. » Oui, vous y pensez davantage. Mais ce n'est pas la même chose que de l'observer. Le simple fait d'y penser peut donner mal à la tête! On n'apprend rien en s'inquiétant et en s'impatientant. On ne grandit pas. En tant que Guerriers Spirituels, nous voulons croître et nous épanouir. Alors, nous observons.

Quand on observe, on atteint un état de paix qui permet à l'énergie de l'Âme de s'activer. Quand cette énergie s'active, on s'y harmonise. On s'en empare et, propulsé par celle-ci, on avance à l'intérieur de nous-même. Et on se rend au-delà du temps.

Aucun chasseur ne place son piège alors que l'animal le regarde. Or, tel un chasseur, la négativité essaie de vous piéger avec ses pensées négatives et ses sentiments négatifs. Mais si vous êtes en état d'observation, autrement dit si c'est vous qui la *surveillez*, vous la prendrez au dépourvu. Si vous savez où se trouve le piège, vous pouvez l'éviter. Sans énergie pour la soutenir et la stimuler, la négativité disparaît.

## L'observation

L'observation est ce qui permet de lâcher prise, de laisser aller. C'est la clé. Quand quelque chose nous dérange et qu'on l'observe sans réagir avec ses émotions, on ne risque pas de perdre l'équilibre. Rappelez-vous que rien de tout ce qui arrive ne peut atteindre votre Esprit. Les immeubles peuvent s'écrouler autour de vous, mais je persiste à dire que rien ne se passe. Pourquoi? Parce que cela arrive aux immeubles et non à vous.

Seuls les êtres humains peuvent observer la présence de Dieu dans tout, y compris en eux-mêmes. C'est ce qui leur confère un statut sacré. Si vous pouviez comprendre ce simple fait, vous n'auriez plus besoin de lire aucun autre livre sur le développement personnel! Comment voir Dieu quand on observe son ressentiment ou son inquiétude? Où est Dieu? Dieu est dans la bonté. Si vous voulez trouver Dieu, ne perdez pas votre temps avec ce qui est mauvais, concentrez-vous sur votre bonté.

Certains diront : « Voilà des années que je médite et je n'ai encore rien vu. Pas de fées ni d'anges, pas d'étincelles, rien. » Cela me fait rire. Quand on est impatient d'arriver à un résultat, on ne focalise pas sur l'amour. Or, l'amour nous fera connaître sa présence et nous enseignera *comment* voir.

Une fois que l'on canalise son attention sur l'amour, c'est l'essence même de la vie qui nous inspire et non plus des fantasmes ou des chimères qui nous poussent à nous demander comment il ou elle sera au lit, quelle marque de voiture un tel conduit, ce que l'on mangera au petit déjeuner le lendemain ou si l'on arrivera à éviter les bouchons de circulation en quittant le boulot. Demandez-vous plutôt ce que vous faites en ce moment parce que le Divin est là.

Du moment que vous entrez en présence du Divin, vous ne vous préoccupez plus ni du passé ni de l'avenir. Vous pouvez dire : « Demain? Qu'est-ce que demain? Qu'est-ce que la semaine prochaine, l'année prochaine? Qu'importe que je sois ici ou là? Où que j'aille, je serai dans l'amour, dans cette paix radieuse qui illumine tout. »

Nous avons tendance à nous attarder beaucoup sur nos corps, l'endroit où ils se trouvent, comment ils se sentent. Les gens qui me rencontrent pour la première fois se concentrent sur mon visage, sur mon physique. Ils pensent que c'est moi. Cela me fait rire aussi. Ils ont vu ma photo et quand ils me voient en personne, ils ont l'air sceptiques à moins que mon visage ne soit tel que sur la photo, c'est-à-dire, levé, les yeux tournés vers le ciel. Imaginez toutes les restrictions que cela nous impose, tous les obstacles que cela crée si on veut apprendre à se connaître et à connaître les autres!

Nous expérimentons les plaisirs sensuels du corps en pensant qu'ils éveilleront nos Âmes. Mais ils ne font qu'éveiller notre ego. Il peut s'avérer très douloureux de se rendre compte de ceci. Que faire avec cette douleur? S'asseoir et dire : « Wow! Comme il y a beaucoup d'émotion en moi! Elle part de mon épaule et va jusqu'à mon oreille droite. » Je n'essaie pas de l'expliquer pour la faire disparaître. Je l'observe tout simplement. C'est par les yeux que nous récoltons nos préjugés. Mais quand on *observe* vraiment ce qui se passe autour de nous avec un regard neuf, on ne s'encombre pas d'idées préconçues contre ceux qui nous entourent. On dit souvent aimer une chose et ne pas en aimer une autre. Mais comment le sait-on? « Je l'ai vue. » Mais l'avez-vous observée? « Non, mais je sais ce que j'aime, non? Pourquoi faudrait-il que je l'observe? » Regardez de nouveau. Vous vous demandez pourquoi vous n'obtenez pas ce que vous souhaitez. Les choses que *vous ne voulez pas* sont celles que vous attirez quand vous focalisez sur vos présomptions, sur votre ressentiment et votre culpabilité.

Vous pouvez prétendre, comme bien d'autres, être une personne très à l'écoute de son environnement. Mais vous observez si intensément en vous forçant à connaître et à prendre conscience, que vous en oubliez la vue d'ensemble, le tout, et vous ne vous élevez pas au-dessus de l'expérience. Celle-ci est précieuse, mais un chien est capable d'expériences et il peut aussi apprendre de ses expériences. Les êtres humains, pour leur part, peuvent aller au-delà de l'expérience, ils peuvent observer. Nous en apprenons plus par l'observation de l'expérience que par l'expérience elle-même.

Amusez-vous à observer. Déridez-vous. Si, chaque fois que vous fermez les yeux, tout ce que vous voyez c'est la noirceur, jouez avec cette obscurité. Voyez à quoi elle ressemble aujourd'hui. Observez ce qu'elle fait. Demandez-lui si elle est toujours noire ou si elle peut changer de couleur. L'observation peut être agréable. Les gens se plaignent : « Je ferme les yeux et j'essaie de voir Dieu. Je le veux vraiment, mais Il ne se montre pas. » Allons! Vous ne pouvez même pas contrôler votre propre pensée. Pensiez-vous vraiment pouvoir contrôler Dieu? Ne perdez pas votre temps avec de telles idées. Observez. Surveillez. Voyez ce qui arrive.

Commencez-vous à mieux saisir ce qu'est l'observation? En observant, vous pouvez accéder spontanément à l'amour. Spontanément sans avoir appris à le faire.

Méfiez-vous lorsque vous demandez quelque chose à l'Esprit. Est-ce votre ego ou votre ambition qui parle? Pourquoi ne pas observer et voir quelle partie de vous fait vraiment la demande. Le temps que vous obtiendrez la réponse, cela n'aura plus d'importance. Quand on observe, on émerge de la dimension temps, on arrive au-delà du désir et là, on apprend vraiment.

## La méditation en tant que forme d'observation

S'éveiller signifie s'observer pour découvrir ce que l'on fait. Et c'est vraiment très facile. Cela s'appelle méditer. Certaines personnes se plaignent de ne voir que de la noirceur, même après plusieurs années de méditation. Ces personnes sont irritées et en colère. Rappelez-vous qu'il n'est pas nécessaire de *faire* quoi que ce soit avec cette noirceur. Débarrassez-vous de vos fausses attentes concernant les expériences spirituelles. Soyez silencieux et contentez-vous d'observer votre noirceur. Soyez attentif. Dieu vous parle à travers cette obscurité. Mais si vous êtes trop nerveux, trop tendu et trop plein de ressentiment, vous n'entendrez pas Sa voix.

Le Guerrier Spirituel ne *juge* pas la méditation. Il ne juge ni la pensée ni les émotions. Il les observe et cela suffit à désamorcer les émotions négatives. Vous pouvez vous demander ce qui restera une fois qu'elles auront été désamorcées. Le seul fait de le demander, vous êtes déjà perdant. Si vous pouvez observer ce qui se passe et l'enregistrer de façon précise, pour ensuite y incorporer l'amour, cet amour déplacera tout problème qui pourrait s'y trouver. C'est ainsi que l'on parvient à se libérer, à dissiper un karma négatif.

Plusieurs d'entre vous avez entrepris par vous-même cette aventure du Guerrier Spirituel. Vous avez découvert que certaines choses arrivent de manière tout à fait spontanée. On ne sait pas toujours exactement ce qui vient de se produire, mais quelque chose nous élève et nous rapproche de Dieu sans que l'on sache très bien de quoi il s'agit. C'est justement ce que j'essaie de vous expliquer : ce qui vous a élevé et comment réussir à ce que cela se reproduise chaque fois que vous méditez. Afin que chaque fois vous sentiez la profondeur, l'extase et la présence de Dieu.

**Lâcher prise**

J'espère qu'il est maintenant clair que le Guerrier Spirituel ne tente jamais de contrôler sa culpabilité, la séparation et le reste. À titre de Guerriers Spirituels, nous observons. L'observation est un état de détachement qui permet d'accéder à une plus grande conscience et de devenir de plus en plus libre.

**Quand on quitte ce centre de conscience Divine et qu'on s'en va dans le monde, il faut y aller en tant que participant-observateur. Le seul fait de s'y rendre constitue la participation, le reste, l'observation. Si vous n'y arrivez pas la première fois, ne vous en faites**

**pas. Vous aurez mille et une occasions d'essayer de nouveau : en fait chaque instant de votre vie vous en fournira l'occasion.**

Avez-vous remarqué que chaque fois que vous essayez de travailler votre culpabilité ou votre ressentiment ou que vous vous attaquez à un problème quelconque, ceux-ci vous tapent sur la tête? On commence par rationaliser ses problèmes et on finit par se plaindre qu'ils nous empêchent d'avancer. On cherche à les éliminer. On se dit que si on avait eu de meilleurs parents, on n'aurait pas tous ces problèmes... On se demande pourquoi sa vie est tellement plus difficile que celle des autres.

Arrêtez-vous immédiatement et observez votre vie. *Maintenant*.

Si d'emblée vous vous butez à vos émotions ou à des pensées selon lesquelles telle et telle chose devrait ou ne devrait pas se produire, vous vous trouvez à créer en vous un modèle que vous vous sentirez forcé de suivre. Nous tentons d'intégrer ce qui nous semble positif, et d'envoyer au diable ce qui nous paraît négatif. Voilà qui s'appelle porter un jugement, catégoriser, classer. Cela n'a rien à voir avec lâcher prise.

Si je pouvais réussir à vous faire observer avec votre pensée et avec vos oreilles pendant trente minutes, juste trente minutes, vous commenceriez à transcender les limites de votre personnalité. Quand on observe *sans* porter de jugement, les réponses que l'on cherchait viennent tout naturellement.

## La méditation en tant que forme d'écoute

La vie devient difficile quand on prie Dieu de nous aider pour tout et pour rien, sans écouter Ses réponses. Ne cherchez pas à dominer vos conversations avec Dieu. Soyez silencieux, attentif, à l'écoute. Autrement dit, *méditez*. Taisez-vous et observez votre vie. Il est rare d'entendre quelque chose quand on médite. Et quand cela se produit, plus souvent qu'autrement, c'est votre pensée qui bavarde et votre méditation semble futile.

Que faire? Je vous conseille d'écouter. De quoi vous parle votre pensée? Si elle vous rappelle que vous n'avez pas fait votre lessive, alors levez-vous et allez la faire ou laissez-vous pénétrer de la pensée suivante. Si vous voulez vraiment méditer et voir Dieu, vous réussirez.

Parce qu'ils sont incapables de rester tranquilles assez longtemps, nombreux sont ceux qui ne retirent de la méditation qu'un engourdissement musculaire!

Si c'est votre cas, vous aurez au moins appris une chose : Comment *ne pas* faire. Si vingt-cinq ou trente années d'études ne vous ont rien apporté d'autre, il est peut-être temps d'envisager autre chose.

Si vous pensez que vous ne pouvez pas changer, vous vous entêtez à vous mettre des bâtons dans les roues.

**Exercez-vous à vous concentrer sur une seule pensée. Cela ne vous rendra pas esclave, bien au contraire cela vous apprendra à maîtriser vos pensées. Quand on arrive à contrôler et à concentrer son attention, on peut libérer son esprit. L'observation est la clé de ce processus. En fait, tout ce livre est orienté de manière à vous amener à libérer votre attention afin que vous puissiez la concentrer là où vous voulez.**

Quand vous méditez, votre ego cherche à sentir qu'il accomplit quelque chose. Mais ne vous abandonnez pas à votre ego.

Cela ne mène qu'à la défaite : anxiété, animosité, dépression, folie. Ne vous laissez pas dominer par votre ego. Cherchez plutôt à observer et à choisir où vous voulez concentrer votre attention et vos actions.

Le fait d'observer et de lâcher prise vous permettra de prendre conscience de la réalité de la mort et vous habituera à vous en remettre à Dieu. Il s'agit ni plus ni moins de se rendre compte de la joie que nous sommes et du bonheur d'être.

Il n'est pas nécessaire, pour méditer, d'adopter une position inconfortable ou particulière. On n'a pas besoin de se répéter : « Oh! Comme je suis heureux! » Rien de tout cela n'a d'importance, rien de toutes ces choses extérieures.

Quand vous entrerez en contact avec l'énergie Divine, vous pourrez vous dire, même dans des moments de profonde dépression : « Je suis tellement bien, que même la dépression ne me dérange plus. »

C'est comme si vous alliez retrouver votre amant et qu'il y avait un caillou dans votre soulier. Vous savez que le caillou est là, mais il ne vous dérange pas vraiment parce que votre attention est toute concentrée sur le fait que vous allez retrouver votre amoureux. Vous transcendez complètement la douleur causée par le caillou. Or, en rentrant ce soir-là, quand vous enlevez votre chaussure et que vous voyez votre pied meurtri, vous vous demandez comment vous avez bien pu vous blesser. Puis vous vous mettez à penser à votre amour et vous oubliez votre douleur. Vous êtes de nouveau dans le bonheur d'être.

## L'ego

En tant qu'êtres humains, nous ne sommes pas que des îles perdues dans l'immensité de l'univers. On pourrait plutôt se comparer à des pierres dans le ruisseau. L'individualité que nous croyons avoir n'est en fait que notre ego qui se prend pour Dieu. Mais jamais nous ne serons Dieu! L'ego n'est là que pour nous forcer à nous lever le matin, pour nous faire vivre dans ce monde, pour nous faire expérimenter la vie. C'est à chacun d'entre nous d'apprendre comment prendre son ego et le mettre de côté quand on n'a pas affaire aux choses matérielles. On n'a pas besoin de son ego pour apprendre à connaître Dieu, pour trouver Dieu et se rendre compte de ce qui est. En fait l'ego peut même nuire à cette prise de conscience.

J'ai beaucoup parlé, dans ce chapitre, de l'observation. Quand on observe, on est dans ce que j'appelle un état de pureté, la pureté de la pensée, de l'émotion, du contenu.

Dans de tels moments de bien-être, d'observation, la puissance Divine se répand en nous. S'agit-il d'une sorte de phénomène étrange? Oui, absolument! Et une fois que vous y goûterez, vous serez accroché : accroché non seulement à l'euphorie qui s'ensuit, mais aussi au cafard, parce qu'il fait, lui aussi, partie de cette énergie Divine.

Observer son état d'être constitue la clé de la libération et de la croissance personnelle. C'est ainsi qu'on peut laisser l'Esprit se répandre en nous. Oui, c'est un miracle, effectivement. Mais si on tente de vivre ce miracle à travers son ego, on enraye tout. D'où l'importance de maintenir notre ouverture. Il n'y a qu'à dire simplement : « Seigneur, je reçois et je suis reconnaissant. » Quelle que soit notre religion, tous, autant que nous sommes, nous devons nous en remettre à l'ultime source. Tous, nous avons besoin de protection. Car en fin de compte, n'est-ce pas de cela dont il s'agit? S'en remettre à Dieu, s'abandonner entre les mains protectrices de Dieu.

# Parmi les secrets du Guerrier Spirituel :
# L'amour, l'ultime résolution

La progression spirituelle ne fait pas partie du monde physique. Elle se trouve en vous. Une fois que vous êtes clairement résolu à accéder à une plus grande conscience, vous commencerez votre ascension. Au lieu de vous déplacer sur l'horizontale, vous commencerez à vous élever. Vous vous apercevrez que votre existence ne se limite pas à ce monde. Vous commencerez à vivre votre quotidien dans une plus grande conscience du moment présent. Les erreurs, les décisions et les fantasmes d'hier appartiendront désormais au passé, non plus à aujourd'hui ni à demain.

Vous ne pouvez pas vous tromper si vous agissez par amour et avec conscience. Il y a trois règles de base qui régissent ma vie. J'aimerais les partager avec vous:

*Ne vous faites pas de mal et n'en faites pas aux autres.*

*Prenez soin de vous-même afin de pouvoir aider à prendre soin des autres.*

*Profitez de tout pour vous élever, pour apprendre et pour croître.*

Pour certains, ces principes sembleront trop simples, voire simplistes. Mais demandez-vous combien votre vie serait différente si vous adhériez à ces principes, si vous les viviez *vraiment*! Cela peut paraître idiot, mais sachez que l'application de ces règles dans votre quotidien et dans tout

ce que vous faites vous assure une vie pleine et satisfai-
sante. Votre Esprit convergera vers ces préceptes et vous
accéderez à une plus grande conscience.

# Chapitre 4
## Accueillir le petit tyran

Dans notre entraînement de Guerrier Spirituel,
nous recherchons la critique.
Nous voulons un petit tyran dans notre vie,
quelqu'un capable
de nous embêter en toute impunité,
parce que de telles personnes nous font toujours voir
où nous en sommes par rapport à notre intention.
En conséquence, ces gens peuvent nous aider
à nous conformer à notre résolution.

La plupart d'entre nous résistons ou du moins tentons d'éviter l'adversité. Nous cherchons à nous éloigner de ceux que nous n'aimons pas, de ceux qui nous énervent ou nous mettent mal à l'aise, de ceux qui nous blessent ou qui nous font de la peine. Carlos Castaneda décrit ces gens comme des « petits tyrans ». Il explique par ailleurs comment ces personnes réussissent à exposer notre vanité et notre présomption. Voilà une façon originale et intéressante de voir les choses. C'est aussi la façon de voir du Guerrier Spirituel qui trouve dans l'adversité une occasion d'exploiter son côté impitoyable de même que son sens de l'impeccable pour progresser dans sa spiritualité.

Recherchez les petits tyrans de votre vie. Ils vous forceront à vous dépasser, ils vous pousseront jusqu'au prochain niveau d'expression spirituelle et vous aideront à découvrir comment vivre mieux. Ce qui ne veut pas dire d'utiliser les gens comme des outils aux seules fins de sa croissance spirituelle. Ce que vous devez utiliser, ce sont *vos* sentiments par rapport à ces gens. Quand vous saurez exploiter vos sentiments, ces gens ne vous paraîtront plus des tyrans.

Nos petits tyrans peuvent se trouver parmi nos patrons ou nos collègues de travail, il peut s'agir d'un voisin, ou même de son conjoint ou de ses enfants. Parfois, il vous semblera que votre tyran n'a d'autre but dans la vie que de vous embêter. Quoi que vous lui disiez ou que vous lui fassiez, quel que soit le nombre d'avocats que vous consultiez ou le nombre de policiers à qui vous en parliez, cette personne semblera avoir le droit indéniable de vous embêter.

Dans notre entraînement de Guerrier Spirituel, nous recherchons la critique. Nous voulons avoir un petit tyran dans notre vie, quelqu'un capable de nous embêter en toute impunité, parce que de telles personnes nous font toujours voir où nous en sommes par rapport à notre intention. En conséquence, ces gens peuvent nous aider à nous conformer à notre résolution.

**Enfin, c'est toujours notre présomption qui nous éloigne de notre intention spirituelle. Notre vanité, notre suffisance, constitue notre principale limitation. Si l'on vous demande de vider les bassines et que votre vanité vous indique que vous méritez quelque chose de mieux, cela limite vos occasions d'expression spirituelle. La bonne nouvelle, cependant, c'est que même si vous laissez votre présomption vous éloigner de votre intention profonde, elle ne peut vous en détourner à tout jamais. Vous reviendrez à l'harmonie et vous profiterez même de votre expérience pour progresser dans votre cheminement spirituel.**

Arrêtez-vous un instant et prenez le temps d'écouter vos tyrans. Rendez-vous compte de l'importance de votre présomption, de votre vertu et de l'ego qu'il y a en vous. Reconnaissez votre haine, votre ressentiment. Dans cette écoute et cette prise de conscience, vous vous alignerez avec votre Esprit. Et c'est ainsi que votre petit tyran se retrouve à vous aider à converger avec votre Esprit.

### Exercice à faire avec ses petits tyrans

Prenez le temps de répondre aux questions suivantes par écrit. Cet exercice vous aidera à repérer les endroits affectés par votre petit tyran, les points de votre Esprit qui sont touchés par ce dernier.

1. Identifiez, dans votre vie, un petit tyran. Il peut s'agir de votre vie actuelle ou de votre passé.
2. Comment ce petit tyran confronte-t-il votre présomption?
3. Décrivez cette présomption.
4. Au lieu de réagir de manière négative, comment pouvez-vous réagir tout en restant aligné?
5. Fermez les yeux et pratiquez-vous à être impitoyable. Rappelez-vous que votre sens de l'impitoyable constitue votre Sabre de Vérité, l'Épée de votre Cœur, qui sert à éliminer l'illusion. Si vous devez d'abord vous pardonner à vous-même, faites-le. (Une façon de le faire est de dire : « Je me pardonne de m'être jugé pour … » Quand vous sentirez l'Esprit en vous, ouvrez les yeux.
6. Quand vous aurez fini, prenez le temps d'écrire, de réfléchir sur cette expérience. Écrivez ce que vous avez appris et ce qu'il vous reste à faire.

Quand il est fait au complet et avec sérieux, cet exercice constitue un véritable défi. Et, relever les défis fait partie de la formation du Guerrier Spirituel, n'est-ce pas?

# Parmi les secrets du Guerrier Spirituel :
# Simplifier et relaxer

Soyez patient. Respirez. Prenez conscience de vos épaules. Abaissez-les. Détendez-vous. Relaxez.

Tout ce qui vous arrive survient parce que vous l'avez attiré. La vision romantique de la vie consiste à dire qu'il s'agit d'une épreuve que vous pouvez réussir ou échouer. En réalité, il ne s'agit que d'une étape qui vous permet d'accéder au prochain échelon de votre croissance. Et vous pouvez choisir la direction que vous voulez prendre. Bien entendu il est plus facile de prendre une direction négative puisque le monde dans lequel nous vivons nous pousse constamment dans ce sens. Choisir le positif est beaucoup plus difficile. Les probabilités jouent contre vous. Mais, en tant que Guerrier Spirituel, muni de l'Épée de la Vérité et armé d'une résolution claire, les probabilités basculeront en votre faveur.

Il faut tout de même avoir l'énergie pour le faire. Avec son sens de l'impeccable, le Guerrier Spirituel s'applique à conserver son énergie pour l'ultime tâche : Être conscient. Être conscient signifie être ouvert et continuer de croître malgré les obstacles et aussi à cause de ceux-ci.

Simplifiez votre vie. Vous n'avez pas besoin de tout ce fatras que vous accumulez. Débarrassez-vous dès maintenant de ce qui vous encombre, car le superflu épuise votre énergie.

Le seul fait de maintenir et d'entretenir des choses superflues gruge une bonne part de votre énergie. Faites un petit ménage et vous serez surpris de toute l'énergie que vous libérerez. Commencez par de petites choses. Des choses incomplètes puisent aussi des quantités importantes d'énergie. Regardez tous les livres que vous n'avez pas encore lus et dites-vous qu'ils sont désormais complétés. Quant à votre culpabilité, laissez-la aller, tout de suite.

Ne gardez autour de vous que les choses qui vous donnent de l'énergie.

DEUXIÈME PARTIE

# DEVENIR UN GUERRIER SPIRITUEL

# Chapitre 5
## S'aligner

L'être éternel

en nous

rencontre notre être temporel.

C'est là que l'Esprit,

l'émanation de Dieu,

nous rencontre, nous,

l'être que nous connaissons.

Voilà notre point de convergence :

un point de concentration, d'attention.

Au fur et à mesure que vous travaillerez les techniques décrites dans la première partie de ce livre, vous verrez votre conscience prendre de l'expansion. Elle vous apportera une nouvelle perspective relativement à ce que vous considériez auparavant comme des expériences banales. La seconde partie du livre est destinée à vous fournir un support pour répondre à cette optique nouvelle. Et pour commencer voyons un concept que j'appelle « convergence ».

Si j'ai, dans une main, une bulle bleue et dans l'autre, une bulle jaune et que je les approche l'une de l'autre jusqu'à ce qu'elles se touchent, j'aurai encore une bulle bleue et une bulle jaune. Si je les laisse commencer à fusionner, quelle couleur obtiendrai-je? Une part de bleu, une part de jaune et une partie centrale de couleur verte, une couleur nouvelle et différente. Ce mélange au centre, cette fusion, constitue le point de convergence.

Il en va de même avec nous. À l'intérieur de nous, notre être éternel rencontre notre être temporel. L'Esprit, l'émanation de Dieu rencontre notre soi, l'être que nous connaissons. Le point de rencontre constitue notre point de convergence, un point de concentration, d'attention. L'Esprit peut converger en nous de plusieurs façons. Une personne qui crie après nous peut changer notre convergence. Lorsque l'Esprit et la pensée se déplacent vers la gauche, on risque de devenir très irrité et de répondre en criant à notre tour. Mais quand ils se déplacent vers la droite, on se dit : « Aha! » On voit plus clairement les événements du moment et des idées nouvelles émergent, souvent très rapidement.

Une partie essentielle de la formation du Guerrier Spirituel consiste à reconnaître quand se produit cette convergence.

# S'aligner

**Si l'on peut changer sa conscience spirituelle, on peut progresser vers son point de convergence. On peut consacrer plus de temps à sa spiritualité au lieu de se contenter de réagir aux choses matérielles. On peut maintenir une paix intérieure. On ne pourra jamais contrôler Dieu, mais on peut s'aligner pour se mouvoir avec Sa volonté.**

On ne peut contrôler le soleil non plus, mais on peut choisir de rester dans la maison ou d'aller dehors muni d'un bon écran solaire et d'une réserve d'eau.

Quand on est véritablement résolu à progresser spirituelle-ment, quand nos lectures contribuent à nous élever et que l'on médite sur son intention, l'Esprit et la pensée commencent à converger. On accède à une plus grande conscience, une meilleure connaissance. Au fur et à mesure que le point de con-vergence tourne, notre perception, la manière dont nous voyons la vie, se transforme aussi. On se retrouve face à l'inconnu et on le regarde. Quand le moment de convergence prend fin, on ne se souvient de rien même si on avait tout compris. (Vous pensez peut-être que je vous parle de sénilité, mais faites-moi confian-ce, je vous parle du processus spirituel.) On sait que quelque chose s'est produit, mais on ne sait pas exactement quoi. Puis quand on retrouve cet état de grande conscience, la compréhen-sion revient naturellement, spontanément et on se demande comment on a pu oublier.

Il est facile de dire : « Alignez-vous avec l'Esprit » ou encore « Faites la paix avec Dieu », mais dans les faits, c'est difficile à réaliser ou plutôt à maintenir. On s'aligne, et puis le point de convergence se déplace. Soudain on se retrouve dans son état habituel. Il ne faut pas se décourager. Il faut reprendre, recommencer et continuer à partir du point où l'on se trouve.

## Déplacer le point spirituel

Voyons cela d'un côté pratique. Vous lisez un livre et selon votre intention vis-à-vis du contenu, il se peut que les mots convergent avec votre Esprit et qu'ils commencent à déplacer votre point spirituel. Si cela se produit trop rapidement, il se peut que vous basculiez dans l'inconscience et ensuite dans le sommeil. Mais si la convergence et le déplacement ne se produisent pas trop rapidement, vous pourrez vous harmoniser avec ce mouvement et sentir votre perception du contenu déclencher toute une série d'expériences secondaires dans votre esprit. Les choses deviennent plus claires et commencent à prendre leur place. Bien sûr, cela a très peu à voir avec le livre que vous lisiez, cela dépend plutôt de la manière dont le point de convergence se déplace dans votre corps.

De nouveaux horizons s'ouvrent à vous et vous êtes comblé, l'espace d'un instant. Puis votre voisin fait du bruit, vos enfants crient, ou votre conjoint entre dans la pièce et le charme est rompu. Vous retrouvez votre état habituel et c'est comme si rien n'a changé. Ce qui s'est produit en fait, c'est que votre point de convergence a repris sa place habituelle et que vous voyez la vie avec votre perspective habituelle. Il est difficile de déplacer son point de convergence de son endroit usuel.

Cela peut être aussi difficile que d'essayer de dessiner les yeux fermés. Au début, on est confus, désorienté. Plus on s'y exerce, meilleur on devient. Avec de la pratique, vous réussirez à déplacer votre point de convergence pour atteindre une plus grande conscience et ainsi vous serez libre.

# S'aligner

Voilà qui nous amène à l'un des principes fondamentaux du Guerrier Spirituel :

**L'important *ce n'est pas ce qui arrive, mais ce que l'on en fait*. Aussi, le Guerrier Spirituel dira: « quoi qu'il arrive, quelle que soit sa perception des choses, il utilise tout pour progresser, s'élever et croître. »**

## Maintenir son alignement

Quand votre point de convergence se déplace et que vous arrivez à le maintenir ailleurs qu'en son endroit usuel, de nouveaux horizons s'ouvrent à vous, une conscience et une compréhension nouvelles. Si malgré votre sens de l'impeccable, vous ne parvenez pas à maintenir votre point de convergence, il cherchera à reprendre sa place habituelle. Il n'existe pas de formule magique pour prévenir ceci. L'Esprit est impitoyable, non par malice mais par détermination. Quand nous nous déplaçons dans la même direction que l'Esprit (ce que l'on peut vérifier par la partie intérieure de nous qui s'harmonise à l'Esprit), nous sommes alignés. Quand nous prenons une tangente, l'Esprit continue, poursuivant sa route sans nous. L'Esprit ne s'arrête pas pour nous... C'est nous qui suivons l'Esprit et non l'inverse.

Supposons, par exemple, que vous trouviez un emploi dans une grande entreprise. On vous remet un titre, une description de tâche ainsi qu'un document décrivant les objectifs et la ligne de pensée de l'entreprise. Or, vous aurez beau exceller dans un domaine ou un autre, si vous n'êtes pas à la hauteur dans l'ensemble de ce que l'on attend de vous, vous serez congédié. Vous vous demanderez peut-être pourquoi ils vous renvoient alors que vous avez mis tellement d'énergie dans ce travail.

C'est simple, vous n'étiez pas aligné avec les objectifs de l'entreprise. Vous pensez que c'est injuste. Mais il ne s'agit pas de justice, il s'agit d'alignement. Ainsi en est-il avec l'Esprit.

Accéder à un plus haut niveau de conscience peut s'avérer quelque peu déconcertant, voire inconfortable. Après tout, ce n'est pas un terrain connu. Vous souhaiterez peut-être revenir là où vous étiez. C'est facile de revenir pour se sentir en sécurité dans un endroit familier. Croyez-le ou non, certains pensent que c'est cela la liberté. Mais ce n'est en fait qu'une prison tout confort. Retourner en arrière signifie que vous n'arrivez pas à maintenir et à intégrer votre alignement avec l'Esprit, lequel se déplace continuellement.

## Différentes formes d'alignement

On peut apprendre à reconnaître si l'on est aligné ou non. Physiquement, le fait de ne pas être aligné se traduit par de la tension. Sur le plan émotionnel, vous vous sentez bousculé, facilement bouleversé, et sur le plan mental, vous cherchez coûte que coûte à résister. Voyons donc ces différents aspects de l'alignement.

*L'aspect physique.* Quand on est grincheux, renfrogné, c'est que l'on n'est plus aligné avec soi-même. Vous avez pu vous rendre compte que si vous vous levez grincheux un matin, et que vous faites une sieste dans la journée, il se peut que votre humeur change. La sieste peut vous permettre de quitter votre corps et d'y revenir frais et dispos, bien aligné.

*L'aspect émotionnel.* Quand vous n'êtes pas aligné sur le plan émotionnel, vous vous sentez impétueux, prompt à réagir et vous parlez sans réfléchir. Le seul fait de vous asseoir, de respirer ou de méditer, peut vous permettre de vous aligner de nouveau. On conseillait jadis de compter jusqu'à dix avant de parler. Cela demeure toujours un moyen simple et efficace pour retrouver l'alignement de ses émotions et de ses pensées. Cela permet en outre d'interrompre l'élan de colère et de répondre à la situation plutôt que d'y réagir.

Tout ce qui nous entoure peut nous apprendre quelque chose. La difficulté vient de ce que nous préférons toujours être le maître plutôt que l'élève. Or, on ne peut devenir maître qu'en apprenant, qu'en accumulant de l'expérience pour ensuite partager ce qu'on a appris. Et, c'est en prêchant par l'exemple que les plus grands maîtres transmettent leurs connaissances.

*L'aspect mental.* Ne pas être aligné sur le plan mental se traduit de manière plus insidieuse et c'est plus difficile à reconnaître et à admettre. On peut trouver son alignement mental en lisant un livre qui stimule l'intellect. Mais si on lit quelque chose qu'on prêche ensuite comme s'il s'agissait de sa propre expérience, il faut s'attendre à des problèmes. Cela s'appelle vivre dans le faux et ce genre de faux alignement peut durer très longtemps. De clamer des choses que l'on n'a ni vécues ni expérimentées consiste à vivre dans l'illusion. C'est comme si on se vantait d'être un chef cuisinier du seul fait d'avoir lu un livre de cuisine.

La même chose se produit quand vous vivez dans ce qui, selon vous, pourrait ou devrait être au lieu de vivre dans ce qui est et ce qui constitue votre propre expérience. Si vous vous mentez, tôt ou tard, vous vous sentirez trahi et vous chercherez à blâmer les autres. Mais si vos paroles et vos gestes sont bien alignés, vous serez certain de vivre votre vie à vous et non celle d'un autre.

**Quel avantage formidable quand l'Esprit, la pensée, les émotions et le corps ne forment qu'un. Il n'y a alors**

qu'un seul Esprit qui converge et qui s'aligne avec l'énergie inconnaissable que l'on nomme Dieu.

## Perdre l'alignement

L'alignement parfait est si difficile à atteindre et pourtant si facile à perdre. Il ne faut jamais s'arrêter et regarder autour de soi avec présomption en disant : « Enfin, j'y suis! » Cela ne fait que rendre l'échec plus décourageant encore. Il est difficile en effet de faire une nouvelle tentative quand on se sent encore épuisé par ses premiers efforts. C'est pourtant ce que doit faire le Guerrier Spirituel. Après être tombé cent fois, vous aurez peut-être envie de dire : « Il ne sert à rien de me relever si c'est pour tomber à nouveau. » Mais il faut vous relever, ne serait-ce que pour éviter que l'on vous écrase.

**On se laisse parfois bouleverser indûment par les autres. Si un bouddhiste, un musulman, un chrétien ou un juif vous expose le schéma de ses croyances et de son expérience et qu'il vous parle de ses doutes concernant *votre* expérience et la structure de vos croyances, pourquoi cela vous dérangerait-il? Sa façon de s'aligner porte un nom différent, voilà tout. Nous tendons tous vers la même chose : nous aligner avec l'Esprit, notre Divinité. Pourquoi alors nous inquiéter de l'expérience d'autrui?**

Une fois que vous aurez décidé d'avancer et de continuer à avancer, vous trouverez un moyen pour évaluer votre progression et enregistrer vos progrès. Vous passerez graduellement de ce que vous connaissez à ce que vous ne connaissez pas, c'est-à-dire du

connu à l'inconnu. Et quand l'inconnu devient connu, l'inconnaissable devient à son tour l'inconnu. Tout commence à tendre
vers vous. Tout vient vers vous comme vous allez vers tout. Le
passé vous propulse vers l'avant et l'avenir vous y attire. Vous
avancez vers la convergence et l'alignement. On peut penser que
c'est prédestiné, et d'une certaine manière ça l'est. Mais le
temps qu'il faut pour y arriver n'est pas déterminé, lui. L'éterni-
té peut sembler ne durer qu'un moment et certains moments
peuvent paraître éternels.

# Chapitre 6
## Manifester son Esprit

Quand on définit la « manifestation »

comme étant  le fait d' « apparaître physiquement »

on ne considère que

les formes physiques, les objets.

Mais toute manifestation n'est complète

que s'il en résulte une modification de l'état de conscience.

À son tour,

cette modification de l'état de conscience,

constitue la réalisation

que l'essence de ce que l'on cherchait sous une quelconque forme physique

se trouve en fait en nous.

« Avoir » ne signifie pas posséder un objet matériel,

cela signifie ne plus en sentir le besoin.

La plupart d'entre vous qui lisez ce livre avez déjà l'essentiel quant à la nourriture, l'abri, les vêtements et l'amour. Pourtant vous sentez qu'il vous manque quelque chose dont vous avez besoin. Vous convoitez bien des choses, particulièrement des choses matérielles (une voiture, un bateau, une chaîne stéréo ou peut-être même un morceau de gâteau au chocolat). Quand enfin vous obtenez ce que vous convoitiez, au début vous vous sentez vraiment bien, pendant quelques minutes, voire quelques jours, vous êtes satisfait, vous vous dites que vous n'avez « besoin » de rien d'autre. Mais, avec le temps, vous prenez une certaine distance par rapport à la chose acquise et vous vous mettez à convoiter autre chose encore pour combler vos besoins.

Ce cycle peut continuer indéfiniment à moins que vous ne finissiez par comprendre que ce que vous convoitez vraiment, c'est vous-même. Et vous ne parviendrez jamais à vous trouver ailleurs qu'en vous-même. Ce que vous recherchez, l'*essence*, se trouve en vous. Et il n'est pas nécessaire de quitter la Terre pour trouver cette essence.

Qu'entend-on par « essence »? Et comment peut-elle se trouver à l'intérieur de soi? Même quand on obtient quelque chose, un morceau de gâteau, une voiture ou même une amitié, on n'en possède toujours que la *forme*. C'est comme la coque d'une noix sans l'amande, et c'est la raison pour laquelle les formes ne sont jamais satisfaisantes, qu'elles n'arrivent jamais à nous satisfaire. Ce que vous cherchez en fait, c'est l'amande, l'*essence*, cette sensation de satisfaction et de plénitude. Mais tant et aussi longtemps que vous chercherez à l'extérieur de vous, vous ne trouverez pas cette essence. Elle est là, « en dedans », à l'intérieur de vous. Et c'est en manifestant votre Esprit que vous accéderez à cette essence. Seule la manifestation de l'Esprit peut vous aider à trouver et à exploiter votre essence.

Mais attention au sens du mot « manifestation ». Quand on définit la « manifestation » comme étant le fait d'« apparaître physiquement », on ne considère que les formes physiques, les objets. Mais toute manifestation n'est complète que s'il en résulte une modification de l'état de conscience. À son tour, cette modification de l'état de conscience, constitue la réalisation que l'essence de ce que l'on cherchait sous une quelconque forme physique se trouve en fait en nous. « Avoir » ne signifie pas posséder un objet matériel, cela signifie ne plus en sentir le besoin.

**L'abondance est un processus de prise de conscience**

**Le dictionnaire utilise les termes de quantité, profusion et richesse pour définir l'abondance. Mais du point de vue spirituel, l'abondance ne signifie pas la possession d'objets. Cela signifie plutôt avoir accès à l'essence de toutes choses. Cela signifie communier avec l'essence en soi. Quand on arrive à prendre conscience de l'entièreté, voilà l'abondance, cette satisfaction de tous nos besoins (qui sont beaucoup moins nombreux qu'on pourrait le croire).**

Il ne s'agit pas d'un million de dollars, ni d'une voiture exotique. Ce ne sont là que des étalages, des exhibitions de la personnalité. Pourtant on convoite constamment ce genre de « choses », comme si elles pouvaient combler nos besoins. On devient « riche », mais être riche, avoir la richesse, ce n'est pas la même chose qu'avoir l'abondance. Voyez-vous la nuance?

**Quand l'ego ou la personnalité regarde l'abondance, il voit la quantité. L'Âme, elle, y voit la qualité.**

Si vous avez cinq cents amants mais qu'aucun d'entre eux ne vous aime vraiment, aucun d'entre eux n'a d'importance, de valeur. Ce semblant d'abondance est en réalité bien vide. Mais si vous avez une seule personne qui est vraiment présente, qui vous aime et vous inspire, alors vous avez tout. Tout en un.

Ainsi, l'abondance est un état de conscience, une connaissance, un savoir et non quelque chose de matériel. Quand on a l'abondance, on a tout ce dont on a besoin.

Comment atteindre ou parvenir à l'abondance? Comment trouver cette essence qui est déjà en nous? C'est en agissant que le Guerrier Spirituel trouve ce qu'il cherche. Agir comprend des tâches précises comme la méditation et les exercices spirituels. Cela signifie enfin s'élancer de l'Esprit et manifester à travers ses émotions, son intellect et son corps. Quand on a accès à l'essence, on peut la partager avec les autres grâce à la manifestation. Ce chapitre vous permettra de mieux comprendre ce concept et de vous rapprocher de cet objectif.

## Les niveaux de spiritualité

Une fois que l'on maîtrise l'observation silencieuse et que l'on est à l'écoute, s'élever dans sa conscience spirituelle devient plus facile. On compare souvent le processus de croissance spirituelle et d'expansion à l'escalade d'une montagne. Au fur et à mesure que l'on monte, chacun des niveaux atteints devient tour à tour le niveau de base pour atteindre le suivant.

Mais prenez garde de ne pas devenir trop confortable à la station de base et d'oublier que votre tâche consiste à monter vers le sommet. Si toutefois cela se produisait, l'Esprit interviendrait. Vous commenceriez à vous sentir pris au piège, étouffé, confiné. Il se peut même que vous vous demandiez si vous devenez fou. C'est ainsi que l'Esprit vous pousse à gravir l'échelon suivant.

Naturellement, il y a toujours des chutes. L'Esprit peut même vous faire tomber et vous renvoyer au niveau précédent. (Comme je l'ai mentionné au chapitre précédent, l'Esprit est impitoyable.) Vous arrivez en bas en ayant l'air tout à fait idiot et vous passez votre temps à répéter : « Oh! Je ne sais pas comment faire. » Bien qu'il puisse être découragé d'être renvoyé à un niveau précédent, c'est ainsi que l'Esprit vous signale que vous avez encore des choses à apprendre à ce niveau, que vous n'avez pas tout compris lors de votre premier passage. Le défi consiste à tout maîtriser d'un niveau avant de passer au suivant.

Or, une maîtrise parfaite nécessite du temps et la plupart des gens sont trop impatients. Ils ne prennent pas le temps d'« écouter » le silence, de se distancer et de s'élever pour observer la situation d'une manière la plus neutre possible. Nombreux sont ceux qui méditent ainsi : ils s'assoient et si au bout de dix minutes l'Esprit n'a pas commencé à les divertir, ils abandonnent et cherchent à se distraire ou à se faire distraire ailleurs. Ce n'est pas la façon d'agir du Guerrier Spirituel.

Évidemment l'autre extrême ne marche pas davantage même si j'aurais souhaité le contraire. J'ai passé nombre d'existences assis, sans dire un mot, à attendre. Mais s'il y avait eu quelqu'un, un peu plus avancé dans sa spiritualité, pour me dire : « Écoute, mon brave, de rester assis là à ne rien dire ne semble pas fonctionner, essaie donc autre chose. Tu penses sûrement bien faire et c'est très bien. Mais il ne suffit pas de penser, il faut *agir*. » Donc, le juste milieu se trouve quelque part entre ces deux extrêmes, là où nous prenons le contrôle dynamique de notre passivité et là où, en même temps, nous laissons agir l'Esprit.

Rappelez-vous que les niveaux de spiritualité décrits ci-dessus n'ont rien d'une formule magique. Il ne s'agit pas non plus de procédés scientifiques qui ont la précision d'une réaction chimique. Quand on essaie de calculer, de tenir le compte des bonnes choses de la vie, on s'ankylose et on empêche ce qu'il y a de meilleur en nous de se révéler. Apprenez à être souple, cessez de tenir des comptes et soyez partenaire avec Dieu. Permettez à l'Esprit de se manifester, non pas en termes de vos angoisses, de votre irritabilité ou de votre conscience du temps. Le Guerrier Spirituel fait un pas hors du temps et c'est là qu'il attend patiemment l'Esprit.

## I. L'identification correcte

**Comment savoir si vous n'avez pas besoin de quelque chose? Comme règle de base, si vous ne l'utilisez pas pendant six mois ou un an, vous pouvez vous en défaire. En fait, on n'utilise que ce dont on a besoin. La plupart des gens ont tellement de choses dont ils ne se servent pas qu'ils ne savent plus où mettre leurs nouvelles acquisitions. Ils s'attachent à la beauté d'une chose ou à sa valeur sentimentale, ou ils pensent qu'ils en ont désespérément besoin. Alors ils vivent dans ce désespoir au lieu de vivre dans l'abondance. Le Guerrier Spirituel, quant à lui, est impitoyable et il se départit de tout excès de bagage en disant : « C'est très joli. Mais encore? »**

Rappelez-vous que la personnalité n'est qu'une forme ; en conséquence, elle a des limites. Notre âme, toutefois, n'a pas de forme. Elle ne se limite pas à une seule forme, et peut prendre n'importe quelle forme. Notre grande liberté en tant qu'être humain c'est notre capacité de fonctionner *au travers de* quelque chose plutôt que seulement *dans* quelque chose. La liberté consiste à fonctionner au travers. Comment faire? D'abord, il faut bien s'identifier. Il faut savoir qui l'on est. Il faut savoir qui est Dieu. Il faut passer du temps en silence, faire des exercices de créativité spirituelle (pour plus de détails à ce sujet, voir « Parmi les outils du Guerrier Spirituel : exercices spirituels », tout de suite après le chapitre 7). Il faut être ouvert. Il faut accepter de vivre sa vie comme elle vient et non pas vivre ce qui est bon ou vivre ce qui est mauvais, mais vivre la *vie* telle qu'elle est. Il faut apprendre à croître avec la vie quelle qu'elle soit et non se contracter et rejeter les changements qui surviennent dans nos vies.

Par exemple, j'ai connu un homme qui priait pour un meilleur emploi. Mais il n'a pas trouvé de meilleur emploi et il a fini par perdre l'emploi qu'il détenait. Il était très en colère et dans un véritable état de contraction. Après avoir chômé pendant quelque temps, son dos, qui lui faisait mal, a pu guérir et une fois rétabli, il a trouvé un nouvel emploi, bien meilleur que celui qu'il avait eu précédemment. Et, c'est seulement à ce moment là qu'il s'est rendu compte que tant que son dos lui faisait mal, il n'aurait pas pu trouver ce travail et que la perte de son emploi précédent s'était avérée une bénédiction, il avait pu se reposer, son dos avait guéri, cela avait été une occasion d'expansion; mais au moment où c'était arrivé, il avait vivement dénoncé la situation.

C'est hélas, une façon bien naturelle de réagir. Au lieu de prendre de l'expansion, la plupart d'entre nous nous contractons. On se contracte en résistant, en essayant de repousser les choses et les événements. Et quand on n'y arrive pas, on se frustre et on peut même, parfois, devenir malade. Avez-vous déjà essayé de ne pas penser à quelque chose en particulier? Cela vous empêche de dormir et finit par vous obséder. Quand vous vous réveillez le matin, la pensée est toujours là, comme une peine d'amour. Vous avez l'impression de combattre la pensée, mais en réalité vous la *haïssez*.

Essayez de l'observer tout simplement. Laissez-la être là où elle est. Dites-lui : « Tu n'es qu'une fichue pensée qui me dérange. Mais que diable! Je pense que je vais quand même m'endormir. » Les Guerriers Spirituels choisissent la voie de l'acceptation et ils cherchent à manifester la nouveauté qui les entoure en méditant. Ils attendent que les bavardages se taisent dans leur tête et ils méditent. Ils tirent leur énergie de l'Esprit et les pensées obsédantes ne peuvent résister. L'énergie supérieure les dissout et les disperse.

## II. L'imagination correcte

Imaginer correctement signifie avoir une idée claire et précise de ce que vous voulez qu'il arrive et qu'il se produise. Les images que vous avez dans la tête sont plus importantes que les photos que vous avez dans votre portefeuille parce qu'elles *affectent* ce qu'elles représentent et que vous en êtes responsable. En d'autres mots, si vous transportez des images négatives, vous attirerez la négativité. On doit toujours considérer ses besoins en termes de l'énergie qu'ils représentent. Cela peut sembler compliqué, mais c'est très important. Ne vous contentez pas d'imaginer ce dont vous pensez avoir besoin. Soyez précis quant à l'origine de votre besoin. Considérez l'essence de ce qui se passe vraiment. Est-ce que ce besoin contribue à renforcer votre intention profonde? Est-ce qu'il peut vous aider à atteindre un sentiment d'accomplissement, de joie, de bonne disposition, voire la plénitude? Au lieu de vous dire : « J'ai besoin de ce bateau, j'ai besoin de cette maison, j'ai besoin de ce morceau de gâteau », visualisez l'essence de votre besoin.

Encore une fois, la première étape de ce processus consiste à se taire et à méditer pour laisser l'intuition s'installer afin de reconnaître Dieu dans sa source. Je ne parle pas du dieu de l'ego, ou de nos plus bas niveaux de conscience, mais du véritable Dieu, de l'Authentique.

**Il est très important de vous demander ce que Dieu vous dit au sujet de cette image. Cette image vous apporte-t-elle haine ou dissension, vous fait-elle crier, vous irrite-t-elle? Est-ce qu'elle vous incite à vous quereller? Si c'est le cas vous êtes probablement confronté à ce que souhaite votre ego. À titre de Guerrier Spirituel, il vous faut comprendre ce qui suit : « Si je suis dans le tout, alors je ne ressens ni tension ni besoin. Je sais que je fais partie de la totalité. Je ne sens aucun manque ni aucune pression. Je suis en équilibre, en harmonie, silencieux et en paix. Je puis faire face à toute forme qui se présente car je sais lâcher prise. Je ne suis lié à rien. » Voilà un usage correct de l'imagination.**

## III. La syntonisation correcte

Pour syntoniser une station sur un poste de radio, il faut du temps, de la patience et enfin, il faut avoir l'oreille fine. De la même manière, il faut du temps et de la patience pour syntoniser et s'harmoniser avec sa spiritualité. C'est par la pensée que l'on peut syntoniser l'Esprit, par sa pensée, ses émotions, son imagination et par son corps. Il nous faut donc atteindre un équilibre entre ces différentes entités.

**Cela signifie être syntone, en harmonie, afin que notre pensée, nos émotions, notre imagination et notre corps focalisent tous sur le même objectif. Alors l'Âme dit : « Voilà, c'est fait, ça y est. » Et la pensée dit : « Ça y est ». Les émotions disent : « Ça y est ». Et le corps dit : « Oui » et il intervient, il agit.**

Quand on est bien syntonisé, une énergie irrésistible reflue jusque dans le subconscient et irradie. Les autres sentent cette énergie et y sont attirés. Voilà ce que j'appelle la syntonisation.

C'est aussi par ce procédé que naissent les inventions. Quelqu'un invente quelque chose et se couche, le soir, plein d'enthousiasme. Cet enthousiasme se répand dans le subconscient de l'humanité et quelqu'un d'autre à l'autre bout de la planète capte cette énergie, la concentre et se met à inventer exactement la même chose. C'est pourquoi, très souvent, les choses semblent surgir spontanément de partout à la fois. Dès que naît une idée, elle se manifeste dans les circuits les plus disponibles, les plus ouverts. Or, les inventeurs sont des gens particulièrement ouverts et réceptifs étant donné leur grande curiosité et leur soif de connaître et d'apprendre. On devrait prendre exemple sur eux car avec ce type d'ouverture on peut s'exercer à bien syntoniser.

Bien sûr, une bonne syntonisation englobe aussi l'harmonisation avec son environnement, c'est-à-dire, ne pas polluer, ne pas détruire sans être conscient des conséquences. Cela signifie ne pas laisser tout en plan, chercher à trouver des solutions de concert avec les autorités, accepter sa part de responsabilité et respecter ses engagements. Par exemple, dans le travail que vous avez choisi, vous assumez d'une part les responsabilités du poste en question et, d'autre part, le pouvoir dont vous êtes investi par ce poste. Alors, *travaillez*-y, faites en sorte de syntoniser tous vos faits et gestes.

### IV. L'action correcte : la véritable manifestation

Enfin, il faut aussi une action correcte. Ce qui veut dire faire le nécessaire, sur les plans physique, émotionnel et mental, pour que tout arrive à bon port. Le Guerrier Spirituel se manifeste à travers ses actions parce que sa seule véritable intention demeure la croissance, l'expansion et la révélation. Tout ce qui vient en sus constitue un bonus, à apprécier, auquel participer, mais sans jamais s'y laisser prendre. Faites comme le Guerrier Spirituel et vous commencerez à révéler les fruits de votre progression spirituelle dans tout ce que vous entreprendrez.

**Ce n'est pas en essayant d'attirer *vers* nous que nous manifestons, mais en exprimant *à partir* de nous-même. Il ne s'agit pas de prendre, mais de donner. Quand nous partageons l'essence de notre Âme, ce qui est fondamentalement bon vient automatiquement vers nous, sans qu'il soit nécessaire de manipuler quoi que ce soit, de jouer le jeu, de tricher ou de mentir. La manifestation se fait, tout simplement et elle attire les gens, naturellement.**

L'action correcte ne signifie pas que tout ce que l'on souhaite va nous tomber tout cuit dans le bec. Il faut y travailler, travailler pour croître, pour prendre de l'expansion, pour progresser et pour la prochaine révélation. Certains refusent de bouger ou de se déplacer à moins qu'on ne les paie pour ce faire. Ces gens sont pris au piège. Le Guerrier Spirituel se dit quant à lui : « Je fais cela pour ma croissance, mon expansion. J'accepte de prendre plus de responsabilités, non pas pour faire plus d'argent, mais pour croître davantage, pour développer mes compétences et pour apprendre encore plus. » Avec une telle attitude, rien ne pourra vous arrêter. Vous serez invincible.

On ne peut exiger ni présumer que la vie se chargera de prendre soin de nous. Cela s'appelle prendre position. Ceux qui s'embourbent dans une position sont enchaînés à leurs besoins, leurs angoisses et à leur désir de satisfaction. Si vous insistez sur le fait que quelqu'un est supposé faire quelque chose pour vous, vous venez de vous y enchaîner. Souhaitez-vous être enchaîné pour le reste de vos jours? Les Guerriers Spirituels ne se laissent pas prendre à ce piège. Ils font en sorte que leur satisfaction et leur sécurité ne dépendent pas des autres. Ils optent pour la liberté.

N'oubliez pas que nous sommes plus que la somme de nos actes. Nous sommes plus que tout ce que nous enseignons. Nous sommes plus que ce que nous disons. Nous sommes plus que ce que nous ne pourrons jamais exprimer. Sachez, en outre, que la bonté prévaudra toujours et que votre tâche principale consiste à coopérer avec celle-ci. Cela peut paraître ironique, mais c'est là que repose la clé du véritable contrôle : dans la coopération.

### Aligner ces quatre actions avec l'Esprit

Quand on se retrouve en perte d'équilibre ou coupé du Divin, c'est toujours parce que l'on se bloque soi-même. Aussi incroyable que cela vous paraisse, personne d'autre que vous ne vous bloque! Prenez un pas de recul et observez ce qui semble vous empêcher d'avancer et de progresser. Vous vous apercevrez que cela provient de *vous* et une fois que vous en serez conscient, il vous sera possible de reprendre votre place dans l'amour et la neutralité.

Observez-vous. Identifiez ce qui ne fait pas partie de vous. Soyez impitoyable et sachez lâcher prise en ne participant plus à ces choses qui ne sont pas partie intégrante de vous. Relâchez-les, dispersez-les. Que reste-t-il? L'Âme. Vous.

> **Quand on identifie bien, qu'on imagine bien, que l'on syntonise bien et qu'on agit bien, on reconnaît l'essence de ce qu'on recherche. On tire son énergie et on la concentre, on la manifeste dans ce que l'on fait. On reconnaît et on apprécie l'abondance que l'on a. On reste ouvert à la bonté.**

Il est facile de parler de toutes ces choses. Mais il faut du temps et de la patience pour arriver à les maîtriser. Le Guerrier Spirituel revient toujours à certains principes de base. Reprenez possession de ce territoire intérieur que vous aviez abandonné à ce qui n'était pas véritablement vous. Définissez vos objectifs et respectez-les rigoureusement. Soyez impitoyable. Dans vos tentatives de manifester à travers l'Esprit, il se peut que vous essuyiez cinq cents échecs. Mais si la cinq cent unième tentative aboutissait?

Vous ennuierez-vous à faire ceci? Peut-être bien, si vous prenez cette ancienne définition de la manifestation et que vous vous laissez prendre au piège des formes physiques et de la *matière*.

# John-Roger

C'est votre choix. Quand enfin vous réussirez et que cela fonctionnera, vous regarderez toutes les bonnes choses de votre vie et vous direz : « Wow! Voyez tout ce qui m'arrive. Et je n'y suis pour rien. » Mais c'est faux. Vous avez beaucoup à voir avec tout cela. Des années d'exercices spirituels, un entraînement rigoureux pour parvenir à bien identifier, bien imaginer, bien syntoniser et à bien agir vous auront révélé cette essence de vous-même. Ce n'est pas un hasard. Et c'est très difficile et très rare d'aligner accidentellement les quatre actions correctement avec l'Esprit.

# Chapitre 7

## Passer de l'inconnu
## à l'inconnaissable

Le mental s'arrête

à la limite de l'entendement ;

les émotions s'arrêtent

à la limite de l'émotionnel ;

l'imagination s'arrête

à la limite de l'imaginaire.

Cela peut paraître évident,

mais bien des gens pensent pouvoir utiliser leurs émotions

pour régler des problèmes d'ordre intellectuel,

et ils pensent pouvoir trouver Dieu

par le biais de leur mental.

Plusieurs d'entre vous qui lisez ce livre espérez acquérir une plus grande conscience de Dieu. Vous êtes remplis d'idées préconçues quant à l'apparence du Divin. Mais la réalité de Dieu ne peut s'apprendre par l'étude. C'est seulement par l'expérience directe à l'intérieur de soi que l'on peut connaître Dieu. Et quand enfin vous trouverez Dieu, je puis vous assurer qu'il ne sera pas là à flotter en disant : « Houuuu! Houuuu! ». Dieu n'est pas un phénomène. Dieu est Dieu. Les Guerriers Spirituels se rendent compte qu'ils ne pourront jamais connaître Dieu comme ils connaissent et comprennent des idées ou des faits, parce que Dieu fait partie de l'inconnaissable.

On peut répartir les connaissances comme suit. D'abord, ce que l'on sait, le connu. Puis, ce que l'on ne sait pas mais qu'il est possible d'apprendre ou de connaître, l'inconnu. Et enfin, ce que l'on ne saura jamais, l'inconnaissable.

Le connu, c'est ce qui est ici, visible. C'est ce que j'appelle la réalité fonctionnelle ou l'évidence empirique. C'est le fondement de l'histoire et de la mythologie. C'est aussi l'assise de tous les événements extérieurs de nos vies. Nous possédons tous des connaissances étendues par rapport au monde connu. La plupart du temps, cependant, ces connaissances ne servent plus à rien dans le monde de l'Esprit. Ne devrait-on pas, en effet, mener une vie droite et vertueuse empreinte de spiritualité dans ce monde confortable qui nous est familier étant donné que l'on sait très bien ce qui est convenable et ce qui ne l'est pas? Mais n'est-ce pas étonnant de voir à quel point nous utilisons notre connaissance du bien et de mal pour nous corrompre et nous détruire? Par exemple, nous mangeons certains aliments bien que nous sachions qu'ils nous causent des brûlures d'estomac (ou pire encore). Nous suscitons sciemment des querelles avec notre conjoint ou avec nos proches. Tous, autant que nous sommes, nous savons quoi faire pour assainir et améliorer notre vie, mais nous ne le faisons pas!

L'inconnu, pour sa part, nous est étranger, non familier. L'inconnu regorge de promesses et d'espoir, mais en même temps, il est presque terrifiant étant donné notre peur de nous dévoyer. Quand on entre dans l'inconnu, on pénètre dans sa propre ignorance et on ne peut avancer que d'un pas à la fois.

Il est très important de reconnaître clairement les limites de notre savoir et la frontière de notre ignorance. Comment apprendre, si l'on refuse d'admettre qu'on ne sait pas? Il est en effet très dangereux d'enseigner des choses qu'on ne connaît pas parfaitement soi-même, dangereux pour soi et parfois même destructeur. Cela nous empêche d'avancer et peut même nous conduire à poser des obstacles insurmontables dans la vie d'autrui. Le Guerrier Spirituel ne peut atteindre son but s'il ne sert que de pierre d'achoppement à d'autres. Il sait que ce n'est pas en entravant la progression de ses pairs qu'il avancera. La quête de Dieu n'a rien d'une compétition sportive.

Finalement, en ce qui a trait à l'inconnaissable, on peut dire : « Dieu est inconnaissable mais je connais Dieu. » Comment est-ce possible? Comment une personne peut-elle reconnaître Dieu? La réponse : du mieux qu'elle peut. Certaines personnes se servent de ce qu'elles connaissent de Dieu et commencent à prêcher immédiatement afin de rassembler le plus de gens possible et de les mener dans une direction donnée. Cela donne l'impression, l'*illusion*, que Dieu constitue une qualité *connue*. En conséquence, les gens cessent de chercher Dieu à l'intérieur d'eux-mêmes parce qu'ils se disent que si autant de gens suivent une certaine direction, il doit sûrement s'agir de la bonne voie. Rien n'est plus faux. Rien au monde ne peut nous soulager de cette responsabilité personnelle et individuelle que nous avons de chercher la vérité. Comment se fait-il que quelque chose d'aussi noble que la religion puisse nous attirer autant d'ennuis? En fait, c'est la confusion qui nous attire des ennuis. Parce que nous confondons ce que nous savons ou pensons savoir avec la *vérité*. Or le Guerrier Spirituel doit être capable d'en faire la différence.

## Les côtés gauche et droit de l'Esprit

*Ce qui suit peut sembler quelque peu abstrait. Ne vous inquiétez pas de ne pas en saisir tous les détails. Laissez simplement votre sagesse intérieure l'absorber. Réfléchissez aux questions suscitées ci-dessous. Vous verrez que votre compréhension de ces concepts s'approfondira au fur et à mesure que vous progresserez dans votre démarche pour devenir un Guerrier Spirituel.*

L'alignement ne se fait pas dans le monde du connu parce que, dans ce monde tangible, dans ce quotidien, la perfection n'existe pas. Nous voulons tous être les premiers, les meilleurs, mais cela ne fait pas partie de l'alignement. En fait, le Guerrier Spirituel ne se préoccupe pas de la *place* qu'il occupe dans le monde, au contraire, cela le laisse indifférent. Il est content là où il est et il se dit que s'il est là, c'est qu'il s'agit sans doute de l'endroit idéal pour apprendre et pour progresser dans sa croissance et dans son expansion.

L'alignement ne peut se faire dans l'inconnu non plus, car c'est un lieu d'obscurité et d'ignorance.

**Pour nous tous qui vivons sur cette planète, l'alignement spirituel ne peut provenir que de l'inconnaissable. En tant que Guerrier Spirituel, nous cherchons à nous aligner, c'est là notre intention. Mais comment**

**faire? Non pas par la connaissance, mais par la *conscience*. Par une prise de conscience de l'inconnaissable. Or, comment prendre conscience de l'inconnaissable? En s'alignant avec cette dimension.**

On trouve dans les côtés gauche et droit de l'Esprit, le connu et l'inconnu. La liste suivante dresse un aperçu des qualités associées à chacun des côtés de l'Esprit. Rappelez-vous qu'il faut les deux côtés pour maintenir l'équilibre de l'Esprit.

## Aspects du côté gauche et du côté droit

| Côté gauche | Côté droit |
| --- | --- |
| Féminin | Masculin |
| Obscur | Clair |
| Passif | Actif |
| Souple | Dur |
| Intuitif | Logique |
| Émotionnel | Intellectuel |
| Créatif | Destructeur |
| Naturel | Synthétique |
| Centré sur la terre | Centré sur l'Esprit |
| Abstrait | Tangible |
| Voie qui s'éloigne de Dieu | Voie qui mène vers Dieu |

Ce n'est que par le côté droit que l'on peut atteindre l'inconnaissable et s'y aligner. Si vous vous aventurez du côté gauche, vous vous enfoncerez dans un bourbier d'univers conscients qui vous enliseront et vous embourberont. Le côté gauche constitue l'indéfini, l'Esprit non formé. C'est aussi ce que l'on appelle l'enfer. On reconnaît le côté gauche par le pouvoir qu'il cherche et la résistance qu'il oppose. Or, le pouvoir et la résistance constituent des énergies vides, gaspillées. Du côté droit, par contre, se trouvent la force et l'endurance. Avec son côté impeccable, le Guerrier Spirituel choisit ces qualités qui résultent plutôt d'un acte de volonté et de discipline. Le pouvoir et la résistance nous épuisent rapidement alors que la force et l'endurance peuvent durer toujours. (Pour plus de détails concernant les côtés gauche et droit de la conscience, se référer au chapitre suivant.)

## L'insécurité et l'illusion du confort

Il n'est pas facile de vivre sur cette planète, tout simplement parce que nous devons vivre ici et pas ailleurs. Une partie de vous peut se dire : « Je suis fatiguée. » Seul Dieu peut vous libérer, vous rafraîchir. Mais pour atteindre cette liberté, il faut d'abord vous soumettre à l'inconnaissable, c'est-à-dire à l'Esprit.

Les gens insistent pour aborder l'inconnaissable à leur manière et cette intention égoïste défait l'alignement de leur conscience en la déplaçant vers le côté gauche. Ces gens se retrouvent liés à la terre et ils peuvent passer des éternités à errer dans les illusions de leur propre conscience. Ils sont comme suspendus là, complètement coupés des influences supérieures. Mais il est facile de se laisser prendre à ce piège tant il est *confortable*. Le côté gauche de l'Esprit vous incitera toujours à lutter, mais il est trompeur. Aucun effort ne semble nécessaire pour être du côté gauche, mais détrompez-vous. Notre réticence au déplacement, au changement et à la croissance se trouve constamment interrompue par des sentiments d'insécurité, de dépression et de désespoir, lesquels, si on se donnait la peine de les interpréter correctement nous encourageraient à changer et à découvrir l'alignement véritable.   Lorsque cet alignement se réalise et que l'on sort soudain du piège, on s'écrie : « Oh! Mon Dieu! Je suis vivant! Je veux vivre! »

## L'approche de la conscience

Cette distinction entre les deux côtés de l'Esprit est telle-ment subtile qu'il faut parfois des années pour apprendre à reconnaître les différentes énergies qui émanent de chacun des côtés.   Nombreux sont ceux qui font la sourde oreille à l'Esprit par leurs comportements de dépendance, que ce soit sur le plan physique, intellectuel ou émotif.   La dépendance constitue un moyen idéal pour se réfugier dans le côté gauche de la conscien-ce et nier toute possibilité de mouvement.   L'imperfection fait partie de la réalité humaine et personne ne peut prétendre être complètement ouvert au mouvement de l'Esprit, mais le Guerrier Spirituel doit atteindre un état de non-jugement.   Aussi ridicule que soit le navire sur lequel on se trouve, il faut au moins s'assu-rer d'avoir le vent dans les voiles.

Et pour que la traversée se fasse mieux, cessez donc de faire l'enfant gâté.   Tachez plutôt de convertir vos caprices en aptitu-des de Guerrier.   Les caprices proviennent du côté gauche de l'Esprit, tout comme les exigences et les dépendances.   Apprenez à utiliser ces énergies pour avancer et pénétrer dans de nouveaux univers.   Commencez à modifier les schémas neurologiques et physiologiques que nous avons vus plus tôt.   Apprenez à identi-fier d'où proviennent les énergies de l'alignement.   Elles n'obéis-sent à aucune règle et c'est à vous de les utiliser pour avancer et progresser dans votre démarche spirituelle.

L'alignement avec l'Esprit implique un détachement du monde.   Un détachement, mais pas une haine.   La joie de l'alignement imprègne tout ce que vous faites, même les banalités du quotidien. Très peu de gens réalisent qu'il est plus facile de vivre aligné avec le côté droit, dans l'amour, la générosité et le partage. Vivre ainsi permet de toucher automatiquement les gens autour de soi. Il n'est pas nécessaire de les chercher ou de se demander comment les aider. Cela se fait tout simplement.

Ce qui n'empêche pas que l'alignement avec l'Esprit constitue un défi de taille. Rappelez-vous que la résolution que vous avez prise vous sert de guide, elle vous oriente et tant et aussi longtemps que vous vous déplacerez dans le sens de votre intention, vous ferez tout ce qu'il faut. Nul besoin d'excuses ou de justification. Il vous suffit de faire votre possible.

L'Esprit a dit qu'aucune Âme ne serait abandonnée. Mais on ne sait pas combien de temps cela peut prendre pour se rendre là où l'on va! Voilà des choses auxquelles réfléchir. Observez-vous. Demandez-vous ce qui vous entraîne vers le côté gauche de l'Esprit. Et, qu'est-ce qui vous entraîne vers la luminosité du côté droit?

On se demande constamment *comment* et *pourquoi*, mais on ne s'arrête pas assez longtemps pour entendre la réponse. Cette réponse se trouve en nous. En fait, il y a si longtemps qu'elle y est, qu'on ne la reconnaît plus tellement elle nous est devenue familière. L'alignement nous aide à retrouver ces réponses oubliées. Quand vous êtes aligné avec l'Esprit, vous détenez, non pas l'information, mais la clarté.

**Faire pour apprendre**

À ce point, vous savez qu'être un Guerrier Spirituel signifie mettre à profit tout ce qu'il vous est donné de rencontrer. Tout dans votre vie peut vous servir à progresser dans votre prise de conscience ; le côté gauche de l'Esprit peut servir de balise, de garde-fou pour vous indiquer là où il ne faut pas aller. Si vous tournez le dos à la noirceur et à l'obscurité du côté gauche, alors les deux côtés vous seront ouverts. Vous pourrez progresser dans votre formation de Guerrier Spirituel et à un certain moment, l'inconnaissable vous absorbera, non pas comme une pensée, une impression ou un sentiment, mais simplement comme il est.

Quand on sort d'une pièce sombre et qu'on se trouve soudainement baigné de lumière, on cherche à se protéger les yeux jusqu'à ce que ceux-ci s'adaptent et s'ajustent à la clarté. L'Esprit est comme cette lumière. On avance vers l'Esprit tant et aussi longtemps que l'on peut supporter sa luminosité. Il faut constamment s'ajuster, s'adapter et s'aligner avec sa clarté et se laisser baigner de sa luminosité afin de pouvoir avancer jusqu'au prochain niveau de luminosité.

Quand la lumière devient trop intense, on est tenté de s'en détourner, mais cela ne mène qu'au désespoir, au chagrin et à la douleur. Je suis moi-même passé par là plus d'une fois, de nombreuses fois même. Et je sais que plusieurs d'entre vous qui lisez ces pages y êtes allés, vous aussi.

La seule façon d'éviter le désespoir consiste à continuer à faire face à la lumière quelle que soit son intensité. On ne peut pas aborder l'inconnaissable par le biais du mental parce que le mental s'arrête à la limite de l'entendement. Les émotions s'arrêtent pour leur part à la frontière de l'émotionnel et l'imagination, aux frontières de l'imaginaire. Cela peut sembler évident, mais vous seriez surpris de voir combien de gens pensent qu'ils peuvent utiliser leurs émotions pour régler des problèmes d'ordre intellectuel et ils pensent pouvoir trouver Dieu par le biais de leur mental.

Or, le mental, les émotions et l'imagination ne sont que des outils, sans plus. Pour fonctionner correctement, ces outils ont besoin d'une main pour les guider, et d'une main aimante.

Imaginez, pour un instant, une immense toile suspendue au mur d'un étroit couloir. Vous ne pouvez en apercevoir qu'une partie à la fois. Quand vous vous déplacez, la partie que vous voyez constitue le connu et ce que vous ne voyez pas, l'inconnu. Comme vous ne verrez jamais la toile dans son ensemble, l'entièreté de l'image constitue l'inconnaissable. Pourtant, cette image, vous la connaissez intimement, par fragments. Ainsi, l'Esprit, l'inconnaissable, vous devient en quelque sorte *connu*, bien que son ensemble, son entièreté demeure à jamais inconnaissable.

**Le Guerrier Spirituel vit d'expériences. Quand vous expérimentez Dieu, vous vous rendez compte que Dieu est l'existence, et qu'en réalité, vous ne vivez pas Dieu autant que Dieu ne vous vit lui-même.**

Si vous cherchez sur une carte routière comment vous rendre de New York à Jasper, au Canada, vous ne verrez qu'une suite de traits sur un morceau de papier. Vous ne connaissez pas Jasper. Pour vous, cette ville constitue l'inconnu. Vous pouvez regarder la carte tant que vous le voudrez, mais, physiquement, dans la réalité, elle ne vous amènera jamais jusqu'à Jasper. Une fois au volant de votre voiture, la carte devient une référence de la réalité, de ce qui existe vraiment. Et, au fur et à mesure que vous voyez ce qui existe vraiment, vous pouvez connaître la précision ou l'imprécision de l'information contenue sur la carte. En outre, une fois que vous avez vous-même fait le trajet, vous pouvez comprendre l'ensemble. Vous pouvez recommander ou prêter cette carte à un autre en disant : « Elle peut vous y conduire. »

## Passer de l'inconnu à l'inconnaissable

Le Guerrier Spirituel suit la carte pour se rendre dans les régions les plus éloignées. Il expérimente et apprend de ses expériences.

N'oubliez pas que ce qui est écrit dans ces pages vous est inconnu et que vous ne pouvez pas vous fier à l'inconnu. Vous pouvez avoir une certaine foi, mais avant de vous fier à ce qui vous est inconnu, vous devez en faire l'expérience pour en vérifier l'exactitude. Puisque le Guerrier Spirituel est toujours à l'affût des défis pour accéder au prochain niveau de force et de conscience, il est essentiel d'apprendre à vous connaître vous-même et de vous faire confiance parce que vous entrerez dans des dimensions où vous serez, vous-même, votre unique point de repère.

### Maintenir sa conscience des choses

Si vous pratiquez la méditation, la contemplation, la prière et les exercices spirituels, avec le temps, tout ceci vous deviendra de plus en plus familier ; le comportement et l'attitude du Guerrier Spirituel deviendront comme une seconde nature.

Alignez-vous en vous concentrant sur votre intention. La convergence se fera en temps et lieu. N'oubliez pas qu'il vous est déjà arrivé de vous endormir. Ne vous faites pas d'illusions, cela peut encore vous arriver. Si vous ne maintenez pas l'ouverture de votre état de conscience, vous perdrez votre alignement de même que votre conscience de la présence de Dieu. Vous sentirez, à l'intérieur de vous, une mélancolie, une solitude qui ne vous quittera pas, même quand vous serez en présence d'autres gens, vous vous sentirez seul, isolé, comme si vous ne faisiez pas partie de ce qui se passe.

Mais un tel état ne saurait être permanent. Vous ne pouvez pas toujours être coupé, isolé de ce qui se passe en vous.

**John-Roger**

Reprenez votre alignement en regardant à l'intérieur de vous-même et en vous aimant. Puis, aimez Dieu et aimez aussi votre voisin. Voilà le meilleur alignement.

# Parmi les outils du Guerrier Spirituel : Les exercices spirituels

Les exercices spirituels aident, d'une part, à mettre fin aux illusions des niveaux inférieurs et, d'autre part, à atteindre une meilleure conscience de l'Âme. Ils permettent en outre de contourner le mental et les émotions en utilisant une tonalité spirituelle pour atteindre l'énergie qui émane de Dieu.

Il n'y a pas de règle à suivre, de rituel ou de position particulière à adopter pour ces exercices. Seule l'absence de tels exercices constitue une erreur. Les exercices spirituels sont un acte du cœur que l'on approche avec dévotion et l'intention claire de mieux connaître l'Esprit et Dieu.

Ceci étant dit, voici, pour ceux qui aimerait avoir une certaine méthode pour commencer à faire ces exercices, un processus détaillé pour quinze minutes d'exercices.

1. Trouvez d'abord un endroit tranquille avec un éclairage tamisé et un fauteuil confortable pour vous asseoir. Il est préférable de ne pas avoir de musique lors de ces exercices.

2. Asseyez-vous bien droit et fermez les yeux.

3. Dites une courte prière pour demander à la Lumière de l'Esprit Saint de vous éclairer, de vous protéger et de vous guider pendant vos exercices.

4. Chantez le Hu (prononcez Hiou) ou le Ani-Hu (Anaï-Hiou) qui sont des noms sacrés de Dieu. Il est préférable de faire ceci silencieusement.

5. Pendant que vous chantez, concentrez-vous sur la région centrale de votre tête, directement derrière le front. C'est l'endroit où siège l'Âme et où elle accumule son énergie.

6. Après avoir chanté pendant environ cinq minutes, arrêtez et écoutez ce qui se passe en vous. Cherchez à entendre un courant, une vibration de Dieu, un son des plus subtiles. Vous pouvez l'entendre dès votre premier exercice spirituel ou il peut vous falloir des années avant de le discerner. Cela varie pour chacun.

7. Si vos pensées se mettent à vagabonder et que vous perdez votre concentration, vous pouvez focaliser de nouveau en chantant encore une fois.

8. Après avoir été à l'écoute pendant environ cinq minutes, vous pouvez, soit poursuivre votre écoute intérieure ou vous remettre à chanter. Ces durées ne sont bien entendu qu'approximatives. Il s'agit en fait de partager son temps d'exercice entre le chant et l'écoute intérieure.

9. Si vous voyez la couleur pourpre venant du côté droit de votre tête, vous pouvez vous permettre de la suivre intérieurement, car il s'agit là d'une forme que prend parfois l'énergie de la source supérieure de Lumière et de son quand elle éveille les gens à la conscience de leur Âme. C'est ce qu'on appelle la Conscience du Voyageur Mystique. Si la couleur provient du côté gauche, toutefois, nous recommandons de ne pas la

suivre, parce que de ce côté, il s'agit souvent d'influences négatives. (Tout ceci ne concerne évidemment que la vision intérieure.)

10. Après encore cinq minutes, vous pouvez ouvrir les yeux. Il se peut que vous ayez envie de vous dégourdir les doigts et les orteils pour ramener l'énergie dans votre corps physique.

Ainsi s'achèvent vos quinze minutes d'exercices spirituels. En faisant ces exercices tous les jours, vous pourrez graduellement les prolonger jusqu'à ce que vous atteigniez le temps recommandé de deux heures par jour. Pour des périodes d'exercices plus longues, vous pouvez allonger le temps pendant lequel vous chantez et écoutez jusqu'à une quinzaine de minutes pour chacun. Par exemple, dans une session d'une heure, vous chantez pendant quinze minutes, écoutez pendant quinze minutes et répétez ce cycle.

Rappelez-vous qu'il ne s'agit bien sûr que de lignes directrices et que la seule manière d'échouer, c'est de ne pas faire les exercices. Vous pouvez donc essayer différentes manières de faire et utiliser celles qui fonctionnent pour vous à un certain moment sans trop vous attacher à une forme en particulier. Et, encore une fois, il s'agit de faire ces exercices avec autant d'amour et de dévotion envers Dieu que vous le pouvez.

# Chapitre 8

## Faire le pont entre les côtés gauche et droit de la conscience

L'objet de cette discussion

n'est pas d'insister sur la séparation

entre les côtés gauche et droit,

mais plutôt de vous révéler l'unité du côté dans lequel

vous vous trouvez.

Vous serez ainsi en mesure d'avancer sur la frontière

même qui délimite les deux côtés

parce que vous saurez reconnaître le côté droit et sa

valeur

de même que le côté gauche et sa valeur.

L'Âme est constituée des deux.

Au chapitre six, j'ai comparé le processus de croissance spirituelle et d'expansion à l'escalade d'une montagne. Au fur et à mesure que l'on atteint les différents niveaux, on doit réussir une ou plusieurs épreuves avant de pouvoir accéder au niveau suivant. La lutte pour maintenir l'équilibre entre les côtés gauche et droit de l'Esprit, constitue l'une de ces épreuves. Les qualités passives ou négatives du côté gauche nous mettent constamment à l'épreuve pour voir si nous pensons vraiment ce que nous professons. Ces qualités servent en outre à vérifier si notre « demeure spirituelle » est érigée sur du roc ou sur du sable.

Chaque fois que vous prenez une résolution, qu'il s'agisse de commencer un régime alimentaire ou encore de faire quotidiennement des exercices spirituels, le pouvoir négatif viendra vous mettre au défi de démontrer jusqu'à quel point vous voulez vraiment faire ce que vous proclamez. Le côté gauche joue en quelque sorte un rôle d'avocat du diable à l'intérieur de nous : pour le Guerrier Spirituel, cette façon de mettre à l'épreuve et de douter est essentielle et elle permet de voir véritablement où l'on va. Cela aide à mieux définir son intention et de travailler davantage dans le sens de l'objectif fixé. C'est pourquoi il est tellement important de maintenir un lien entre les deux côtés de l'Esprit si l'on veut atteindre la plénitude spirituelle. Si l'on nie l'un ou l'autre des côtés de l'Esprit, on rejette en fait une partie de soi-même.

Le Guerrier Spirituel doit cependant veiller à ne pas suivre la voie de gauche. Voici une métaphore qui permet de mieux comprendre ce que j'entends par cela. Il s'agit de l'histoire du veau d'or au temps de Moïse, un veau en or que les gens vénéraient au pied du mont Sinaï bien qu'il ne s'agissait pas d'un dieu. La voie gauche regorge de rituels de fertilité, de sorcellerie, de Wicca et de magie blanche. Tous ces rites deviennent magie noire lorsque la forme masculine tente de prendre le dessus et de supprimer ce que la partie féminine lui aurait soit-disant fait. Et nous voilà aux prises avec la guerre des sexes, mâle contre femelle.

## Masculin et féminin

Certains pensent qu'il leur manque quelque chose et que cela les empêche de s'aligner et d'avancer. L'homme se sent incapable de s'aligner parfaitement s'il ne vit pas une relation parfaite avec une femme. À son tour, la femme se sent incomplète si elle ne connaît pas une relation parfaite avec un homme. En tant qu'êtres humains, nous essayons constamment de substituer la relation idéale avec Dieu par des relations avec d'autres humains.

Bien peu de gens savent que c'est en Dieu et par le biais du côté droit que l'homme trouve son identité. Existe-t-il des enseignements qui disent aux femmes : « N'allez pas vers l'homme, vous ne pouvez que lui nuire? Il veut des rapports sexuels avec vous afin de se découvrir et de se connaître à travers votre corps. Si vous l'acceptez, tous ses doutes, ses craintes et ses inquiétudes sembleront apaisés. »

Il peut être plus difficile de vivre dans une forme féminine parce que, et comprenons-nous bien pour ne pas en prendre ombrage, cette forme a toujours penché un peu plus du côté gauche de la conscience. En fait, de par les enseignements traditionnels transmis de mère en fille à travers les siècles, les énergies provenant du côté gauche se sont accrues.

Les hommes sont fascinés par cette énergie de gauche, car ils finissent par être blasés par leur côté droit. Au lieu d'accéder à une conscience supérieure de leur côté droit, les hommes cherchent plutôt un membre de la gent féminine. Ils la courtisent et s'en approchent de plus en plus, perdant dans ce geste l'identité de leur champ énergétique de droite. Désormais, ils ne connaissent plus leur identité qu'à travers la femme, à travers l'énergie en provenance du côté gauche. Voilà la chute de l'homme, de la conscience spirituelle jusque dans le monde matériel. Il tombe et est reçu par la femme qui devient alors son sauveur. Il apprend son identité à travers la féminité, à travers l'énergie du côté gauche.

Il sent qu'il est tombé et se sent mal à l'aise, alors il cherche à avoir des rapports sexuels, et le voilà parti du côté gauche. Mais, au lieu de trouver la confirmation de sa valeur, il produit des enfants et dit : « Oh! Voyez comme ils sont merveilleux! Ce sont mes enfants! » Et il tente de les attirer du côté droit, mais sa femme l'en empêche. Pourquoi? Parce que ce sont ses enfants à elle. C'est elle qui les a mis au monde. Qu'a-t-il fait à part utiliser son pénis? Cela peut paraître grossier, mais en est-il autrement?

Regardez la société et vous verrez. Les hommes, pour trouver leur identité, regardent la forme féminine avec son raffinement et en comparaison, ils se trouvent grossiers. Mais la grossièreté des hommes n'est rien d'autre qu'une rébellion contre leur propre féminité. Or l'homme n'a pas à se rebeller. Il n'a qu'à poursuivre son chemin. Mais on ne lui a jamais dit. On ne lui a parlé que de peur, de mort et de descente aux enfers. C'est pourquoi il a perdu son identité en tant qu'être spirituel et sexuel dans le champ énergétique qu'est le corps, et il ne sait pas comment retrouver son identité. Il s'enfonce dans la promiscuité en espérant trouver quelqu'un qui lui dise enfin : « Tu es tout ce que je veux! »

C'est essentiellement la même chose avec les femmes. Dans notre société, c'est à travers l'homme que la femme cherche à atteindre l'énergie en provenance du côté droit. Mais la femme doit faire la traversée jusqu'au côté droit, s'approprier l'énergie qui s'y trouve, la rapporter, l'équilibrer et s'élever. L'homme doit traverser l'énergie du côté gauche, la rapporter et s'élever.

Il ne s'agit pas ici d'un sujet très populaire. À cause de leur ego, les gens ont tendance à douter de la vérité de ces faits et même à les nier. Mais cela ne change rien. En fin de compte, il s'agit toujours de la même chose : Que faites-vous de votre énergie? Vous pouvez baigner dans l'énergie provenant du côté gauche et être en parfaite harmonie avec vous-même. Dès que vous atteignez l'harmonie, l'unité, vous entrez dans la plénitude de l'Esprit.

**Soyez entier envers vous-même.**

J'ai connu trop de gens qui souhaitaient désespérément rencontrer un homme ou une femme, habituellement riche et beau ou riche et belle. Ils sont si convaincus que cette personne représente tout ce qu'ils cherchent, qu'ils ne se sont jamais demandé ce dont ils avaient vraiment besoin et d'où provenait ce désir. Je leur dis : « Il vaut beaucoup mieux prier de recevoir la Lumière, de voir Dieu, d'être investi par le Saint Esprit et de marcher dans la Lumière de Dieu. Car le vrai bonheur et la véritable abondance proviennent de Dieu et non des êtres humains. »

Le Guerrier Spirituel, sans rejeter l'autre sexe, reconnaît que chaque Âme possède de façon intrinsèque tous les éléments de la plénitude. Personne d'autre ne peut nous apporter cette intégralité parfaite qui vient de Dieu. Comme il paraît difficile de reconnaître ceci! On accepte si facilement de dépendre des autres, sur le plan émotionnel ou spirituel, et particulièrement de ceux qu'on aime le plus. L'union avec Dieu requiert une certaine solitude et celle-ci peut faire peur. Il faut beaucoup de *travail* pour parvenir à l'intégralité, pour puiser son énergie et son amour en Dieu plutôt que dans des relations humaines. Et ce n'est que lorsque l'homme et la femme sont tous les deux complets spirituellement qu'ils peuvent vivre dans la joie et réussir à se soutenir véritablement l'un l'autre. En effet, c'est seulement quand chacun des partenaires prend la responsabilité de sa relation avec Dieu que les deux peuvent vivre une relation de couple telle que Dieu l'a voulue.

Est-ce à dire que l'homme et la femme ne peuvent connaître ensemble une croissance spirituelle? Non, pas du tout. Mais même quand un homme et une femme cheminent ensemble, ils doivent aussi, en même temps, cheminer séparément, distinctement. L'un ne peut porter l'autre à bout de bras. Chacun est une Âme distincte et chacun doit être prêt à être seul avec Dieu.

## Équilibre et unité

**Le Guerrier Spirituel est ouvert, il apprend tant du côté gauche que du côté droit. On peut apprendre à connaître la négativité du côté gauche sans pour autant s'y vautrer. De même, on peut apprendre à connaître le côté droit sans devenir moralisateur ou vindicatif. Nous avançons sur un sentier étroit constitué des deux côtés de l'Esprit. Et il *s'agit effectivement* d'un sentier étroit.**

Le but de la présente discussion n'est pas d'insister sur la séparation entre les côtés gauche et droit, mais plutôt de vous révéler l'unité du côté dans lequel vous vous trouvez. Vous serez alors en mesure d'avancer sur la frontière même qui délimite chacun des deux côtés parce que vous saurez reconnaître le côté droit et sa valeur de même que le côté gauche et sa valeur. L'Âme est constituée des deux côtés.

C'est en ayant recours aux deux côtés que nous pouvons aligner notre Esprit. L'équilibre est parfait lorsque, comme dans une pile, les polarités négative et positive sont équilibrées. Si vous penchez un peu trop d'un côté ou de l'autre, vous perdrez cet équilibre précaire. Priez du centre de l'Esprit.

Observez vos sentiments et analysez vos pensées, vos opinions et vos idées. Les grands maîtres proclament : « Connaissez-vous, vous-même. » et « Soyez honnête et fidèle envers vous-même. » Savoir ce que l'on est et être honnête vis-à-vis soi constitue l'un des tremplins de la réalité. Mais comment avancer dans la réalité si l'on vit dans le fantasme? Il faut savoir reconnaître la puissance des deux forces de l'Esprit. La féminité n'équivaut pas nécessairement à la faiblesse, et la masculinité pas nécessairement à la force. Nous sommes tous constitués d'éléments des deux.

**L'Âme est à la fois féminité et masculinité ou alors exempte des deux, selon votre façon de voir les choses. En fait l'Âme est bien plus que l'un et l'autre ou aucun des deux. Elle est partie intégrante de la Divinité. Alors, elle est aussi roche, arbre, fourmi, escargot, de même qu'eau, nuage, neige et pluie, non pas dans leur forme physique, mais dans leur essence.**

Alors le fait de s'arrêter à la masculinité ou à la féminité n'est qu'une distraction. Méfiez-vous de tout ce qui semble vouloir dire : « Je ne puis espérer trouver Dieu avant d'avoir une femme ou un mari, avant d'avoir des enfants, ou avant que mes enfants n'aient grandi, ou encore dans cette vie-ci, ou avant que je ne devienne quelqu'un d'autre. » Dieu est pour chacun d'entre nous, maintenant, tels que nous sommes.

Il faut accepter les côtés gauche et droit de l'Esprit tels qu'ils sont et il faut en même temps les intégrer et toujours chercher l'équilibre.

**Si votre intention est de vous éveiller, il vous faut équilibrer les énergies masculine et féminine des côtés droit et gauche de votre Âme. Or, il n'existe pas de manière parfaite ni permanente pour ce faire. Tous, autant que nous sommes, nous tombons et nous tomberons tant et aussi longtemps que nous serons pourvu d'un corps physique. Et après? Peu importe le nombre de fois que vous tombiez, l'important est la rapidité avec laquelle vous pouvez vous relever.**

# Parmi les secrets du Guerrier Spirituel : Lâcher prise

Si vous voulez changer quelque chose ou quelqu'un, changez-les en vous-même. Car ce n'est qu'en vous que vous pouvez changer quelque chose. C'est en vous que se trouve la source de toute vie. Vous portez en vous le monde entier. Une légende bouddhiste bien connue illustre magnifiquement ce concept.

Deux moines s'approchaient d'une rivière agitée au bord de laquelle se trouvait une belle femme incapable de traverser. Ces moines avaient fait le vœu de ne jamais toucher une femme. Pourtant l'un des deux souleva la femme, traversa la rivière et la déposa sur l'autre rive. L'autre moine, bien que troublé par ce geste ne dit rien. Mais son trouble ne cessa de s'amplifier et trois jours plus tard, il exprima son désarroi à son compagnon. « Nous avons fait le vœu de ne jamais toucher une femme et pourtant tu as porté cette femme pour traverser la rivière. » L'autre moine laissa terminer son interlocuteur avant de lui répondre calmement : « Je l'ai portée jusqu'à l'autre rive où je l'ai déposée. Et toi, voilà trois jours que tu la portes en toi. »

Il est possible que de temps en temps vous vous mettiez en colère contre ceux qui vous ont troublé ou dérangé par le passé. Certaines de ces personnes peuvent être décédées alors que vous ne reverrez probablement jamais les autres. Il peut y en avoir d'autres encore à qui vous aurez soi-disant pardonné. La discussion est close, la lutte terminée. Pourtant vous en portez encore l'écho en vous. Vous portez encore l'émoi et l'effervescence à l'intérieur de vous-même et vous l'entretenez avec votre énergie.

Le Guerrier Spirituel apprend à lâcher prise. Sachez donc lâcher prise.

# Chapitre 9
## Traquer l'Esprit

Dans le monde de l'Esprit, le temps n'existe pas.

Dans le nôtre, toutefois, c'est une ressource précieuse.

Ce monde physique sert de tremplin pour atteindre un état de conscience supérieure.

Le corps, le mental, les émotions, l'inconscient et l'Âme convergent et se rencontrent en un même endroit pour nous offrir une occasion inespérée de croissance et d'élévation.

**Le plus difficile pour un Guerrier Spirituel est sans doute la confrontation avec lui-même. Les moments exempts de distractions du monde matériel sont les plus favorables à l'élévation spirituelle. Saisissez toutes les chances qui vous sont offertes parce que vous vivrez dans ce monde, vous vous y marierez et aurez des enfants, vous passerez votre vie à travailler huit heures par jour pour faire des paiements de voiture et d'hypothèque, et vous mourrez sans pouvoir rien emporter de tout cela.**

La seule chose que vous pouvez emporter avec vous, la seule chose qui vivra toujours et ne mourra jamais, c'est votre Âme.

Comme je l'ai dit plus tôt, le Guerrier Spirituel doit vraiment comprendre et se résoudre à ce qui suit : « Je garde les yeux posés sur Toi, Seigneur, sur Toi seul. » Ce qui signifie que je ne fais que les choses qui me rapprochent du Seigneur, quelles que soient les distractions qui se présentent. Il est essentiel, fondamental, que le Guerrier Spirituel comprenne véritablement son intention et qu'il l'ancre profondément en lui. Alors, soyez résolu. Pas nécessairement sérieux, mais ferme. La voie religieuse est sérieuse, la voie spirituelle, sincère et pleine de joie et de rires.

Comme on l'a vu précédemment, les Guerriers Spirituels portent au-devant d'eux l'Épée de leur Cœur. La conscience leur tient lieu d'arme principale et leur intention, d'armure. Si votre intention est l'amour et la générosité, cela signifie que tout ce qui n'est pas amour ou générosité n'a pas de place dans votre vie.

Choisissez soigneusement votre intention et exercez-vous à vous laisser guider par elle. Il nous arrive souvent de ne pas faire quelque chose en se disant qu'on le fera plus tard. C'est parce qu'on pense qu'on aura toujours le temps, le luxe de faire les choses plus tard. Or, pour le Guerrier Spirituel, le moment présent est aussi le moment futur. Nous vivons en effet dans la conscience de notre mort et, ainsi, sans nous dépêcher, sans nous hâter de passer d'une chose à une autre, nous devons tenter de ne jamais perdre un instant qui pourrait nous servir à découvrir Dieu.

**Imaginez-vous, l'espace d'un instant, que demain soit le dernier jour de votre vie. Que ressentez-vous? À titre de Guerrier Spirituel, vous devez prendre conscience de la possibilité et de la certitude de la mort et vous devez l'assumer.**

Cela veut dire que la plupart des choses dans lesquelles vous investissez temps et énergie commenceront à vous paraître moins importantes. Accumuler, dépenser, chercher, faire la queue ; les gros titres des quotidiens, les échéances, le stress et l'anxiété : tous ces éléments perdent leur importance face à la mort. La beauté de la mort est dans sa liberté. Par exemple, que vous importe le jugement des autres quand vous faites face à la mort? Que représente le succès ou l'échec quand on se meurt? Quand vous focalisez sur votre mort, vos priorités deviennent claires et vous voyez ce qui importe vraiment.

Prenez ce vieux cliché : « Qu'aimeriez-vous faire aujourd'hui s'il s'agissait de votre dernier jour ici-bas? » Cela peut vous paraître bête, mais prenez le temps d'y réfléchir.

**Étant donné qu'on ne sait pas quand on va mourir, il vaudrait mieux commencer à se pardonner et à focaliser sur Dieu dès maintenant, si l'on veut être en mesure de le faire au moment de notre mort.**

Commencez-vous à voir à quel point le temps que vous avez eu jusqu'à maintenant est précieux? Et combien plus précieux encore, le temps qu'il vous reste? Avoir en tête cette notion de mort n'a rien de morbide. Il s'agit plutôt d'être conscient, en tant que Guerrier Spirituel, qu'on n'a pas de temps à perdre.

Vous comprenez sans doute, maintenant, pourquoi vous n'avez pas le temps de focaliser sur autre chose que votre intention. S'il y a autre chose qui vous tienne à cœur, c'est l'occasion de voir de quoi il s'agit. En tant que Guerrier Spirituel, vous n'avez pas de temps à perdre. Bien sûr en tant qu'être humain ordinaire, vous avez tout le temps que vous voulez. Les gens préfèrent voir l'incertitude de leur vie et s'en inquiéter plutôt que de regarder la seule chose qui soit certaine, la mort.

Que vous le vouliez ou non, il n'en tient toujours qu'à vous. Que vous voyiez les défauts et les faiblesses des autres, que vous blâmiez Pierre, Jean ou Jacques parce que vous n'avez pas obtenu cet emploi, ou pour l'état de vos finances personnelles, ou encore pour votre insatisfaction, en réalité, et vous le verrez avec le temps, il n'en tient qu'à vous.

La vraie sagesse consiste à accepter votre responsabilité dès maintenant au lieu d'attendre que le temps vienne changer les choses, qu'il vienne les corriger et vous donner raison.

Prenez un moment tout de suite et considérez votre intention en tant que Guerrier Spirituel. Posez-vous les questions suivantes (d'autres questions pertinentes vous viendront aussi spontanément à l'esprit) :

*Aie-je tout fait ce que j'avais à faire?*

*Aie-je tout dit ce que j'avais à dire?*

*Quels sont les choses que je n'ai pas terminées?*

*Comment puis-je les achever avant de mourir?*

Souvent, notre vie est remplie de souvenirs qui nous ramènent constamment au passé. La complétude ou l'achèvement ne signifie pas nécessairement la fin sur le plan physique. Vous pouvez déclarer que quelque chose est fini, achevé en disant : « C'est terminé. Je ne le ferai plus. C'est fini, c'en est fait. »

Quand vous ne prenez pas la peine de dire que quelque chose est fini, terminé, vous ressentez une impression d'inachèvement qui vous drainera toujours un peu plus d'énergie chaque fois que vous y penserez. Vous cheminez, confortablement, à l'aise quand tout à coup un incident quelconque du passé resurgit et vous pensez : « Oh! Non. D'où est-ce que cela sort? Il y a des années que je n'ai pas pensé à cela. Maintenant je me sens terrible. »

Accordez-vous une faveur : regardez-vous maintenant, tout de suite. Ne faites rien, mais *regardez-vous*. Que vous reste-t-il à terminer? Y a-t-il lieu de lâcher prise? Quand vous vous serez véritablement pardonné à vous-même et aux autres, vous vous sentirez enveloppé et investi de l'armure Divine. Vous pourrez cheminer dans la vie muni de cette armure, sans lutter, en marchant tout simplement. Vous avancerez avec détermination, vous serez parfois un peu têtu, mais toujours vous aurez cette armure. Vous verrez que vos craintes et vos inquiétudes passées n'auront plus de pouvoir sur vous, elles ne pourront plus vous faire de mal.

## Impitoyable et impeccable

Examinez ce que vous vous dites à vous-même. Prenez un moment et écoutez-vous. Si la négativité prime avec ses craintes et ses doutes, mettez-la au défi. Vous savez d'expérience que la négativité ne peut vous faire de mal. Vous êtes la seule réalité et cela ne peut être ni contesté ni menacé.

Vous vous dites probablement que vous aurez ample-
ment le temps de réfléchir à tout ceci et que vous
serez un Guerrier Spirituel une autre fois. Bienvenue
à la race humaine. Observez la lente évolution des
êtres humains. Bien sûr, nous avons fait de très grands
pas sur le plan technologique, mais en tant qu'espèce,
nous faisons encore les mêmes erreurs, les mêmes
choses destructrices qui sont rapportées dans la Bible
il y a plus de deux mille ans. Cette manie qu'on a de
toujours penser qu'on a tout son temps nous empêche
d'acquérir de la maturité. La procrastination ressemble à la pollution : c'est de la négligence, du gaspillage, et cela draine notre énergie.

En choisissant ce livre, vous pensiez peut-être que les
Guerriers Spirituels étaient impétueux et combatifs, qu'ils détrui-
saient facilement tous les obstacles qu'ils rencontraient sur leur
chemin grâce à une espèce de Kung-Fu mental. Mais nous savons
tous maintenant que les Guerriers Spirituels ne sont pas combatifs du tout ; ils sont aussi patients qu'impétueux. Leur lutte est
bien plus difficile que n'importe quelle bataille physique. Oubliez
les limitations dont vous avez doté votre Âme. Le Guerrier
Spirituel peut tout faire. Si vous avez décidé d'être un bushido ou
un samouraï spirituel, vous vous limitez.

Quand on me demande à quoi ressemble un Guerrier
Spirituel, je réponds : « Il vous ressemble. » Il s'agit
de ce que vous faites à l'intérieur de vous quand vous
participez dans le monde qui vous entoure. C'est une
façon de vivre toute simple qui se résume à un équilibre et une harmonie intérieurs.

# Traquer l'Esprit

Le Guerrier Spirituel ne tire pas de conclusions qu'il doive éventuellement plaider et il ne prend pas de position qu'il lui faudrait ultérieurement défendre.

Voyons encore cette qualité qu'il a d'être impitoyable. Les Guerriers Spirituels sont impitoyables en ce qui a trait aux choses qu'ils laissent entrer dans leur conscience. Ils se servent de l'Épée de la Vérité pour trancher et éliminer tout ce qui n'est pas pertinent, tout ce qui est superficiel, préjugé, dépendance, enfin tout ce qui les retient. C'est l'Épée du Cœur, le cœur spirituel, le cœur de notre sagesse. Quand vous vous mettez à éliminer le gaspillage dans votre vie, il se peut que vous sentiez une résistance, un certain inconfort. Vous pouvez vous sentir somnolent, nerveux, distrait. N'ayez pas peur. On dit bien que si on ne se sent pas bizarre quand on fait quelque chose de nouveau, c'est que ce que l'on fait n'est pas nouveau.

Regardez la situation qui vous dérange bien en face et posez-vous les questions suivantes :

*Quel est le type de situation qui me bloque, quel type de situation me pose un défi?*
*Quelle est l'illusion dans cette situation?*
*Quelle vérité puis-je retirer de cette situation?*
*Quelle action puis-je prendre à partir de cette vérité?*

Fermez les yeux et utilisez votre Épée de la Vérité, l'Épée du Cœur pour éliminer l'illusion. (S'il le faut, pardonnez-vous d'abord.) Quand vous vous sentirez libéré de la situation qui vous oppressait, ouvrez les yeux. Il s'agit en fait que tout devienne bien clair et que vous réussissiez à éliminer tout ce qui est mort et dont vous n'avez plus besoin.

Prenez un moment pour voir s'il y a une différence qualitative en vous-même. Examinez votre intention. Il est important que vous compreniez que votre intention, constitue votre raison d'être, votre but. Il est étonnant de constater le nombre de gens qui n'ont pas de but dans la vie. Ils ont des raisons, mais pas de but. Je parle de but au sens de ce qui vous consume, votre raison d'être, ce quelque chose qui vous est aussi essentiel que votre prochaine inspiration. Cette chose qu'il vous est impossible de ne pas faire. Voilà ce que j'entends par but.

## L'achèvement

Vous devez faire la paix avec tous ceux qui vous entourent. Chacun d'entre eux vit à l'intérieur de vous. Peu importe que les gens soient décédés ou vivants, ou que vous ne les revoyiez jamais, s'ils suscitent en vous la discorde, alors il vous faut faire la paix avec eux.

Commencez par les personnages principaux de votre vie, vos parents. Voilà des années que je préconise le parachèvement avec les parents. Même si vos parents sont décédés, il n'est pas trop tard pour les aimer et leur pardonner. Et s'ils sont vivants, tant mieux. Si vous voulez parachever les choses avec votre mère, téléphonez-lui. Si ce n'est pas possible, prenez un moment tranquille, imaginez-la devant vous, et dites-lui ce que vous avez besoin de lui dire. Achevez, parachevez ce qui est incomplet en vous. Faites-moi confiance, elle comprendra. C'est en parlant aux gens, soit en vous-même, soit de vive voix, dans ce monde-ci ou dans le monde de l'Esprit, que vous pourrez tendre vers l'équilibre et l'achèvement. Quand vous vous réconciliez avec vous-même, vous libérez une énergie que vous pouvez ensuite utiliser pour focaliser sur votre intention, votre résolution.

Le temps n'existe pas dans le monde de l'Esprit. Mais c'est ici, dans ce monde-ci, que vous vivez. Ici, sur Terre, le temps est précieux. Ce monde physique dans lequel nous vivons peut servir de tremplin pour nous aider à atteindre un état de conscience supérieure. Notre corps, notre intellect, nos émotions, notre inconscient et notre Âme convergent et se rencontrent dans un même endroit pour nous offrir une occasion inespérée de croître et de nous élever. Alors, dans ces derniers jours de vie, utilisez votre temps pour progresser.

Chaque jour, le Guerrier Spirituel s'exerce à mourir et il expérimente la renaissance à chaque minute. Il ne s'agit pas, bien sûr, d'une mort physique, mais d'une volonté de tout voir sous un jour nouveau, et ce, à chaque instant.

**Il est très important de comprendre ce qui suit : vous êtes ici, sur Terre, parce qu'il y a des choses que vous n'avez pas faites correctement dans vos existences antérieures.** *Vous ne les avez pas faites comme elles devaient être faites et vous êtes de retour ici.* **Il se peut, par ailleurs, que ce ne soit pas la dernière fois si vous continuez comme vous le faites.**

Ce qui vous a blessé ou fait de la peine, il y a des années, que ce soit il y a cinq, quinze ou cinquante ans, faites-en votre deuil. Quand vous êtes victime de votre passé, vous vous trouvez à vivre dans le passé et cela n'est rien d'autre que de mourir dans la vie. Quand vous étiez plus jeune, vous avez pris des décisions et certaines d'entre elles n'ont pas mené là où vous auriez souhaité, vous avez été blessé, vous avez eu de la peine. D'accord. Vous avez été blessé. Mais c'est fini maintenant. Enterrez cela. Faites-en votre deuil. Lâchez prise et revenez au moment présent, parce que c'est dans le présent que réside Dieu.

Nous avons connu la noirceur pendant assez longtemps. Même si la lumière ne se fait qu'au dernier moment, lors de notre dernier souffle, il aura valu la peine de vivre, notre vie aura été bénie. Si la lumière ne se fait pas, si elle ne s'est jamais faite, vous venez tout simplement de passer à travers une autre mort vivante. Vous aviez des émotions, de bons sentiments mais pas d'amour vivant. Une vie sans amour vivant ne convient pas à un Guerrier Spirituel.

Une femme que je connais est allée rendre visite à une de ses amies qui n'avait plus que deux ou trois jours à vivre. Elle a dit à la mourante : « S'il ne me restait qu'aussi peu de temps à vivre, je serais assise en train d'écrire à mes enfants, je ferais des enregistrements vidéo, je laisserais des instructions sur la manière de s'occuper de la maison, des directives à la gouvernante pour les soins à donner aux enfants. J'expliquerais aussi à mon mari comment trouver une autre bonne épouse. »

Puis elle s'est tue et elle s'est demandée : « Mais au fait, qu'est-ce que je ferais s'il ne me restait vraiment que trois jours à vivre? »

Elle s'est mise à pleurer. Elle venait de se rendre compte pour la première fois de l'imminence de la mort. Elle réalisait que le moment de la mort n'est pas un temps pour regarder en arrière, pour penser au passé. C'est un moment de vivre au présent.

**La mort, votre amie :**
**Un *exercice pour vivre plus pleinement sa vie***

Une notice nécrologique résume habituellement votre vie, vos réalisations, les choses intéressantes que vous avez faites. Qu'écririez-vous si vous pouviez écrire vous-même votre nécrologie dans le but de vous révéler? Après tout, vous êtes la seule personne qui connaissiez toute votre vie, toute votre histoire. Comment voyez-vous votre vie? Nous vous recommandons de faire l'exercice suivant. *Pour retirer le maximum de cet exercice, faites-le comme si vous deviez mourir demain.*

1. Prenez quelques minutes pour répondre mentalement à cette question : *Quel est le message fondamental que la vie m'a transmis?*
2. Complétez cette phrase en écrivant la suite : *Si j'avais su que j'allais mourir si tôt...*
3. Réservez-vous un moment tranquille et un endroit où l'on ne vous dérangera pas et rédigez votre notice nécrologique. Deux pages suffiront. Intégrez à votre texte la phrase complétée au numéro 2.
4. Quand vous aurez terminé, prenez une quinzaine de minutes pour méditer tranquillement, pour vous pardonner vos jugements sur vous-même ou sur des aspects de votre vie. Réservez les cinq dernières minutes à la gratitude et à la reconnaissance. Si vous le voulez, vous pouvez dresser une liste mentale de tout ce dont vous êtes reconnaissant.

**Dans le film « Robe noire », un chef indien a une vision de la mort. Il se retrouve plus tard à l'endroit qu'il avait vu dans cette vision. Sur son lit de mort, il raconte que s'il avait su, au moment de sa vision, qu'il voyait l'endroit où il mourrait, il aurait été un meilleur chef ; il aurait aidé plus de gens, il aurait été plus courageux, et ainsi de suite. En d'autres mots, il se rendait compte que puisqu'il n'aurait pas pu mourir avant ce moment précis, il aurait osé davantage, il n'aurait pas eu peur, il n'aurait pas laissé ses craintes le retenir. Mais il était trop tard.**

La manière dont nous mourons revêt une grande importance parce qu'il s'agit de nos dernières pensées, des dernières choses que nous ressentons dans cette vie. La manière dont nous nous comportons dans la vie, la façon dont nous affrontons l'agitation et la confusion de notre existence, déterminent la place que nous occuperons dans le royaume de l'Esprit quand nous partirons d'ici, d'où leur importance. En tant que Guerrier Spirituel, la vie que vous avez vécue jusqu'à maintenant sur cette planète a été une répétition générale en vue de votre mort. Il vous faut donc savoir comment vous éloigner de votre corps sans bavures. Vous devez savoir où placer votre conscience. C'est pourquoi la méditation et la contemplation, les exercices spirituels, la prière, toutes ces choses sont très, très importantes. Plus vous réfléchissez à Dieu, plus vous pensez à l'amour de Dieu et à l'extension de cette conscience divine jusqu'à vous, plus, lors des derniers moments de votre vie, vos pensées iront dans cette direction. C'est aussi dans cette direction que vous irez, vous, quand vous partirez. C'est pourquoi l'énoncé suivant n'est ni spirituel ni religieux mais tout à fait pratique : « Oui, maintenez la pureté de votre corps, de votre esprit et de vos émotions. Prenez garde de ne pas les placer n'importe où. Et, s'il vous arrive de vous dire :´Voyez tout ce que j'ai fait dans le passé!` Vous avez bien raison, c'est du passé. »

## Traquer l'Esprit

La plupart d'entre nous avons peur de mourir. Mais si nous entrons en communication avec l'Esprit à l'intérieur de nous, nous trouvons la paix et la mort nous paraît alors aussi naturelle que la vie. La vie présuppose la mort et inversement, la mort présuppose la vie. C'est un jeu que nous jouons avec nous-mêmes quand nous faisons semblant qu'en confondant la mort, en l'évitant, en la niant ou en l'oubliant, la mort nous oubliera à son tour. Le Guerrier Spirituel regarde la mort bien en face ; cela le libère et lui permet de focaliser sur la vie. Pendant que la mort vous traque, vous, c'est l'Esprit que vous devriez traquer.

Si vous êtes un Guerrier Spirituel, vous pouvez, grâce aux exercices spirituels, apprendre à quitter votre corps et à transcender l'Esprit tout en vivant toujours sur cette Terre. La mort vous confondra alors, elle vous percevra comme faisant partie de son être spirituel et elle vous laissera tranquille. Pas pour toujours, évidemment, mais pour ce qui est de la mort quotidienne du moins, c'est-à-dire la crainte de la mort. Alors quand finalement vous mourrez, vous ne mourrez qu'une fois, vous ne mourrez que la mort corporelle.

**Asseyez-vous pour méditer ou pour faire des exercices spirituels : fermez les yeux et essayez de traquer l'Esprit. L'Esprit commence alors à vous aimer et à être aimé en vous. Vous vous déplacez de plus en plus dans l'Esprit et une sérénité naît en vous. Ce n'est pas quelque chose de mental. Ce n'est pas ce que l'on appelle le bonheur. C'est un champ énergétique qui est en lui-même absolument complet et entier : cela s'appelle Dieu. Faire l'expérience de cette sérénité, c'est toucher Dieu. Vous sentez que vous êtes le Bien-aimé, puis vous savez que vous êtes le Bien-aimé et enfin vous *êtes* le Bien-aimé.**

Le problème c'est que la plupart des gens traquent plutôt la mort. Ceux qui traquent l'Esprit contournent les règles du jeu de la mort. Ils évitent les fers de la mort et atteignent directement la Lumière. La mort n'inclut pas l'amour. Ni la santé, la richesse ou le bonheur. Elle ne connaît ni prospérité, ni abondance, ni amour, partage ou générosité. La mort cherche à annihiler votre prise de conscience. Quand on est totalement en Dieu, totalement libre de la peur de la mort, alors celle-ci nous laisse tranquilles. Il n'est plus nécessaire de s'en éloigner en courant et elle ne peut donc plus nous prendre pour une proie qui la fuit.

Il faut être fort et courageux. Dès que nous nous laissons aller, dès que nous pensons : « Oh! Mon Dieu, je vais peut-être mourir. Je vais peut-être tomber. Je vais peut-être… » La mort répond : « Ah! Te voilà! Je croyais que je t'avais perdu. » Et elle se met à nous traquer de nouveau. C'est justement ce qu'il faut éviter. On peut conquérir la mort avec la prière, la contemplation, la méditation, les exercices spirituels, le service et l'amour.

**Le Guerrier Spirituel fait face à la mort et il l'aime. La mort vient, non pas comme celle qui détruit, mais comme celle qui délivre de la souffrance et de la peine.**

Ceux qui ont appris à voir la mort comme une délivrance, l'accueillent comme une véritable amie. De Faucheuse, la mort devient celle qui offre une conjoncture nouvelle. Traquez l'Esprit. Les Guerriers Spirituels traquent l'esprit de la vie.

### Le cœur : un exercice pour apprendre à s'aimer

À l'aide d'un magnétophone, enregistrez ce qui suit. Puis écoutez l'enregistrement en *observant*. Tâchez d'entendre, non pas votre voix, mais celle de l'Esprit qui vous parle.

# Traquer l'Esprit

C'est l'Esprit qui parle à votre cœur. Écoutez ce cœur, et laissez-vous pénétrer de la Divinité.

Respirez-la, sentez l'expansion de votre cœur et l'énergie qui s'en dégage.

Prenez un moment pour toucher cette région du cœur. Mettez vos deux mains sur votre cœur et sachez que la Divinité et l'amour existent. Sachez-le. Ressentez-le.

Si vous en avez la chair de poule, si vous vous mettez à inspirer brusquement, ou si vous ressentez un mouvement d'énergie, cela signifie que vous commencez à joindre la Divinité. Restez en sa présence, ne laissez pas errer vos pensées. Laissez-vous baigner en elle.

Le fait de placer vos mains sur votre cœur vous y relie sur le plan kinesthésique.

Dites-vous : « Voilà l'amour. Voilà l'amour... »

Si vous sentez qu'un endroit de votre corps semble inconfortable ou sensible, laissez l'amour se répandre jusqu'à cet endroit pour le toucher. Si vous sentez que vous commencez à vous éloigner de l'amour, ramenez-le. Touchez-y encore et sentez-le. Dites : « Voilà la Divinité. Voilà l'amour. Voilà où ils se trouvent à l'intérieur de moi. De mon cœur et du centre de mon cœur, je rayonne l'amour à mon corps tout entier. »

Si vous ressentez une drôle de sensation au niveau de l'estomac, allongez le bras et touchez-le.

Si vous commencez à ressentir quelque chose au niveau de la tête, touchez-la.

Dites : « Cet amour s'étend jusque-là, il passe à travers moi pour se rendre là. »

Si vous n'y arrivez pas, pensez à quelque chose que vous aimez vraiment : votre conjoint, votre enfant, votre vie, Dieu. Prenez ce sentiment et laissez-le s'éveiller dans votre cœur : il s'agit de votre Divinité. Elle vous appartient. Quand vous la ressentirez, laissez-la vous envahir, vous vous sentirez devenir un commutateur d'énergie Divine et celle-ci vous inondera complètement et se répandra tout autour de vous.

*L'amour est guérison. La joie est expression.*

## La valeur de la vie

Comme on l'a dit précédemment, la mort peut-être considérée comme une délivrance. On peut utiliser ce concept dans notre vie de tous les jours. Ne dit-on pas, que l'on meurt un peu plus chaque jour? Regardez ce qui vous dérange en ce moment ou ce qui vous obsède. Et si vous mourriez demain? Quelle importance ces choses auraient-elles? Habituellement, de ce point de vue, très peu d'importance. En fait, il n'y a vraiment rien d'important qui se passe dans nos vies. C'est nous qui donnons de l'importance aux choses. C'est nous qui leur fournissons l'énergie. Nous leur érigeons des monuments. On se dit ensuite que ces choses doivent être importantes étant donné toute l'énergie qu'on leur a consacrée. Sachez que seule l'Âme est importante puisqu'elle seule est éternelle, tout le reste est en état de décomposition.

## Un exercice sur l'observation de la vie sur Terre

Réservez-vous une journée *complète* que vous pourrez vous consacrer à *vous-même*. Au début de la journée, imaginez que vous venez de mourir. Quelles responsabilités vous reste-t-il? Aucune. Vous n'avez plus rien à accomplir ; nulle part où vous devez être. Tout ce que vous allez faire, c'est présumer que vous êtes mort et observer les gens et le monde qui vous entoure de ce point de vue. Vous ne parlerez pas beaucoup, vous n'avez plus de voix ; et de toute façon, vous verrez il n'y a rien à dire. Vous serez simplement avec vous-même, votre Âme et son énergie. Sans distraction, sans interruption, calme, tranquille dans votre intention, sans effort, sans tension, seul avec l'Esprit. Vous pouvez manger un peu, des mets simples, mais ne vous laissez pas distraire par la nourriture et faites en sorte qu'elle ne vous dérobe pas votre énergie. Pendant cette journée, le temps n'a pas d'importance, car le temps n'existe pas dans le monde de l'Esprit. Il n'y a que l'instant présent.

Vous pouvez prendre conscience qu'il y a beaucoup de choses qui se passent dans la vie et que jamais de votre vivant vous n'auriez pu prendre part à tout. Par ailleurs, avant de vivre, vous ne saviez pas d'où vous veniez, vous ne saviez donc pas ce que vous aviez déjà fait ni que vous aviez, dans votre dernière existence, répété plusieurs fois des choses que vous aviez déjà faites auparavant et que vous étiez pris dans ces choses. Toutes vos craintes et toutes vos inquiétudes, toute l'importance que vous vous donniez n'ont pas suffi à vous faire atteindre le prochain niveau d'expression.

En fait, vous vous rendez compte que vous étiez encore au même niveau d'expression et peut-être même que vous exprimiez les choses de la même manière. Ainsi qu'y a-t-il donc de si extraordinaire à se sentir en harmonie avec nos vies antérieures? Évidemment qu'elles nous paraissent familières.

Pour cet exercice, demandez-vous ce que vous pourriez faire de différent pour avancer au niveau suivant? Qu'est-ce qui vous permettrait d'atteindre le prochain échelon? Demandez-vous si vous pourriez faire mieux si vous aviez un talent spécial ou un don particulier. Pourriez-vous passer sur Terre et rester libre? Maintenir, dans votre cœur, votre résolution sur votre intention? Voici la vraie question : si l'on vous accordait un vœu, un souhait, un talent ou un don pour votre prochain passage sur Terre, que choisiriez-vous? Votre première pensée pourrait être d'avoir plus

d'argent. Mais comme vous l'avez sans doute remarqué, le bonheur ne sourit pas nécessairement à tous ceux qui ont beaucoup
d'argent. Ce sont les qualités intérieures qui comptent. Alors
pensez-y sérieusement.

Pour l'instant asseyez-vous confortablement et détendez-vous
parce que le chapitre suivant comprend une série de directives
sur la manière de vivre sur Terre lors de votre journée d'observation. Assurez-vous de relire ce chapitre le matin de votre journée
d'observation de la vie sur Terre.

# Chapitre 10

## Observation de la vie sur Terre : Conseils aux voyageurs

La seule chose que l'on puisse faire ici-bas,

c'est faire de son mieux.

Les gens ici font de leur mieux,

puis ils se disent qu'ils auraient pu faire mieux.

Ils s'en inquiètent.

S'ils ont une deuxième chance,

ils refont la même chose une deuxième fois.

Et une troisième, et une quatrième, et une cinquième et

une sixième.

Vous pourriez leur dire :

« Si vous aviez pu faire mieux,

vous l'auriez fait.

Vous avez fait de votre mieux. »

# John-Roger

*Le texte qui suit est tiré d'une conférence que j'ai donnée à un groupe d'étudiants qui se préparaient à faire l'exercice suivant : une visite sur Terre. Voici donc pour les Guerriers Spirituels.*

On peut expérimenter la vie sur Terre dans le cadre d'une expérience scientifique, c'est-à-dire à titre de scientifique spirituel. Je ne parle pas de la science selon laquelle il faut décider de l'objet de sa recherche avant de se mettre à chercher. Je parle plutôt de la science en tant que discipline qui permet de voir ce qui est, d'enregistrer les données et de laisser aux choses le loisir de nous faire savoir ce qui est, afin que nous ayons toujours le rôle d'étudiant, de celui qui apprend. Cet exercice se veut un rappel du fait que le Guerrier Spirituel observe d'abord, et qu'ensuite, il cherche à comprendre et à accepter.

Dès que vous cessez d'observer et que vous essayez de dire à quelqu'un ce qui se passe ou ce qui est là, vous devenez professeur. Ne faites pas cela. Vous êtes un touriste. Vous êtes supposé observer les êtres humains et non porter la toge d'un gourou. Si vous n'êtes pas prudent, on pourrait annuler votre visa.

Prenez garde au piège par lequel les terriens vous demandent de leur enseigner quelque chose. Si vous leur demandiez s'ils sont capables d'apprendre, ils vous répondraient que oui. Les humains disent à peu près n'importe quoi. Particulièrement quand un homme parle à une femme ou vice versa. Ils se promettent tout mais ne se donnent à peu près rien.

Alors quand quelqu'un vous dira : « Voilà, ça y est! » Regardez ce dont il s'agit. Prenez quelques pas de recul et regardez à nouveau. Faites-en le tour et regardez. Regardez bien. Puis regardez en dessous. Regardez la chose sous tous ses angles. Quand vous l'aurez bien regardée, ne leur dites pas ce que vous avez vu, ils vous traiteraient de fanatique ou de radical dans le seul but de vous faire taire.

Au mieux, proposez-leur de regarder les choses d'un angle plus général. C'est la perspective à prendre. Ne vous attachez pas au résultat de ce que vous regardez, ce n'est pas vous qui l'avez mis là. Tout ce que vous faites c'est d'observer et d'enregistrer, de noter ce qui est là. Voilà la méthode scientifique ; et elle peut nous servir à regarder la vie.

Vous avez besoin de cette perspective car si vous ne vous fiez qu'à ce que les terriens disent, vous aurez des problèmes : ils mentent beaucoup. Ils inventent des histoires, vous induisent en erreur et parlent en sous-entendus. Puis, ils disent : « Je n'ai pas fait cela. » Et si vous les prenez sur le fait, ils diront : « Ce n'est pas ma faute, on m'y a entraîné. J'ai été manipulé. »

Ils parlent et parlent mais ce dont ils ont le plus besoin c'est de ce que vous leur fournirez : la conscience pleine d'amour que le Dieu qu'ils vénèrent vit en eux. Voyez-vous, quand on leur a implanté leur nature Divine, on leur a aussi fait jouer à un jeu. Il s'agit du jeu qui s'intitule : « Ça existe, il suffit de le trouver. » C'est ce qu'ils appellent « Chercher à réussir ».

Cependant, s'ils le trouvaient à l'intérieur d'eux-mêmes, alors ceux qui préconisaient une approche extérieure seraient menacés et chercheraient à vous crucifier. Prenez garde!

N'ayez pas peur pour votre personne. Mais faites attention à ce que vous dites. C'est ce que vous dites qui vous causera le plus d'ennuis, comme c'est le cas d'ailleurs pour les terriens.

Les terriens prennent plaisir à s'inquiéter. Et ils aiment par-dessus tout avoir raison. Ils vous diront qu'ils ont raison. Puis, ils se demanderont si c'est bien vrai. Voyez-vous, certains des livres qu'ils possèdent disent une chose alors que d'autres disent tout à fait le contraire. Et ils sont tous les deux corrects.

Assurez-vous donc de ne pas prendre trop de livres et de ne pas en transporter trop sur vous car vous seriez porté à croire que vous êtes intelligent. Or, si vous êtes intelligent, vous ne trans-porterez pas de livres avec vous. Vous laisserez quelqu'un d'autre transporter les livres car ils ne renferment que très peu de notions que vous trouverez vraiment utiles.

Les terriens vous traiteront de différentes choses pour vous contrarier. Ils vous diront que vous êtes bête, stupide ou idiot. Mais votre QI est plus élevé que tous ce dont ils vous traitent alors il est bien évident qu'ils ne savent pas de quoi ils parlent. De grâce, ne riez pas d'eux. Cela les agacerait vraiment et ils iraient alors chercher quelqu'un d'autre pour être deux à vous traiter de tous les noms. Quand ils le font à plusieurs, ils pen-sent qu'ils ont raison. Mais qu'à cela ne tienne, traitez de tels incidents comme un seau d'eau vous traite, vous, lorsque vous y plongez la main et que vous la ressortez. Le seau d'eau ne garde aucune empreinte, aucun souvenir de vous. Voilà comment trai-ter ceux qui vous traitent de tous les noms.

Ne vous en faites pas. Écoutez-les simplement, poliment, et reconnaissez leur point de vue. Il n'est pas nécessaire de croire ce qu'ils disent, voyez-vous, ils possèdent une ressource étrange qu'on appelle « émotions ». Vous, touristes de la Terre, n'aurez pas à faire face à beaucoup d'émotions. Mais pour les êtres humains, les émotions ont une grande importance! Ils meurent pour leurs émotions! Mais nous savons tous qu'ils mourraient de toute manière. En fait, c'est qu'ils sont prêts à mourir plus tôt s'ils se sentent défiés sur le plan de leurs émotions.

Qu'est-ce qui stimule leur émotivité? Leurs émotions sont souvent liées à ce qu'ils veulent posséder. Par exemple, ils veulent posséder la terre sur laquelle ils marchent : « Cette terre m'appartient. » Ils veulent posséder la cour arrière : « Ma cour est clôturée, sortez! » Et ils possèdent de curieux bouts de papier décrivant cette terre qui leur appartient et sur lesquels sont étampés de jolis sceaux. Tous ceux qui viendront lire ces morceaux de papier tomberont à genoux et diront : « Bien sûr! » C'est ainsi que font les terriens. Cela peut vous paraître ridicule, mais si vous vous aventurez dans une cour sans invitation, ils peuvent tirer sur vous avec un fusil. Cela fait mal. Peut-être ne vous tueront-ils pas, peut-être se contenteront-ils de crier : « Je vous tuerai! » Parfois cela fait plus mal encore que la balle de fusil qui vous aurait tué.

Mais s'ils vous tuent, étant donné que ce sont des êtres bizarres, ils se sentiront coupables. Ils possèdent en effet ce qu'on appelle le « sentiment de culpabilité ».

**Nous avons beau savoir que ce sentiment de culpabilité n'apporte rien, mais eux pensent que si. Alors ils agissent à tort, se sentent coupables, et c'est ainsi qu'ils peuvent recommencer.**

Puis, ils se sentent coupables, et cela leur fait mal au point qu'ils se punissent eux-mêmes. Mais, vous, vous savez tous que quand vous voulez être puni, vous n'avez qu'à vous gifler et c'en est fait!

Pas les terriens. Ce n'est pas ainsi qu'ils agissent. Ils y pensent et y réfléchissent et se sentent coupables. Plus ils y pensent, pires ils se sentent. Ils geignent, gémissent et râlent se plaignant de se sentir tellement coupables. Si vous leur demandez : « Combien de fois avez-vous fait cela? » Ils répondent : « Plusieurs fois. » Il sera temps pour vous de continuer votre route car il est bien évident qu'ils n'apprendront rien.

Rappelez-vous que la Terre est dressée comme une immense planche de jeu. Quoi que vous fassiez, il faudra vous en accommoder. En réalité, rien de mal ne vous arrivera, mais il sera sans doute question de désastres et de catastrophes, de crises et d'urgences. Et, ne vous étonnez pas, les terriens en ont vu des centaines de chaque. Même que chacun d'eux a connu au moins une centaine de crises et de catastrophes. Mais ne leur en parlez pas. Cela ne fait que raviver leurs souvenirs et ils se mettront à vous les énumérer : « Il est arrivé ceci et cela et ceci et encore cela! » Ils adorent parler de leurs malheurs.

Toutefois, si vous leur demandez s'il ne leur est rien arrivé de bon, il leur faudra quelque temps pour y penser. Voyez-vous, ils ne sont pas toujours conscients qu'ils ont surmonté les crises et les catastrophes et que, tout compte fait, ils s'en sont assez bien tirés.

Ces terriens disposent de toutes sortes d'alibis, d'excuses et de raisons. Il y a une raison pour tout ce qu'ils possèdent. Ils peuvent passer toute la journée à parler sur le coin d'une rue, et ils peuvent y passer toute la nuit aussi. Et le lendemain ils y sont toujours, en train de parler, de boire et de fumer. Puis quand ils n'ont plus d'argent, ils vont en prendre à quelqu'un. Ils abordent une personne en lui disant : « Donne-moi ton argent. » La personne leur répond : « Jamais de la vie, tu devras d'abord me tuer! » Et c'est ce qu'ils font.

La personne qui a dit : « Tu devras d'abord me tuer » avait sans doute oublié qu'elle avait des réserves d'argent à la maison, qu'elle aurait pu prendre l'argent qu'elle avait dans les poches et dire tout simplement : « Voici l'argent. Au revoir. » Mais non, les humains préfèrent mourir pour une telle cause. En fait ils dépensent leur argent pour acheter des babioles. La plupart du temps ils ne savent même pas où se trouve leur argent et à d'autres moments, ils le jettent tout simplement par la fenêtre.

Leur système de valeurs est à l'envers. Ils accordent une grande valeur aux biens matériels qui finissent par disparaître. Quant aux choses spirituelles, ils ne les connaissent même pas. Ils prétendent les connaître, mais comme je l'ai dit plus tôt, ils disent beaucoup de choses. Alors, quoi que vous fassiez, ne croyez pas ce qu'ils racontent. Ce qui ne veut pas dire que certains ne vous diront pas la vérité. Ils vous maintiennent en éveil, sur vos gardes.

Les terriens se plaignent : « Tu ne m'écoutes jamais. ». L'autre répond : « Mais bien sûr que si. » Et le premier d'insister : « Mais non. » Et l'autre de répondre : « Alors, si je ne t'écoute pas, comment pouvons-nous avoir cette discussion? » La réponse : « Tes discussions concernent toujours les mauvaises choses. » Vous voyez, ils ont réponse à tout.

Quand vous irez sur la planète Terre, vous n'avez qu'à jouer le jeu. Mais ne vous y laissez pas prendre. Ne vous mettez pas à défendre quoi que ce soit. Une voiture, par exemple, car quelqu'un viendrait vous la briser ou encore vous la prendre. Vous pouvez toujours dire : « Bon, alors si vous allez l'utiliser, utilisez-la. »

Certains humains portent des choses affreuses et se pavanent pour que tous voient comme ils sont beaux. Ils sont beaux sans tous ces accoutrements, mais ils n'y croient pas. Ils se peignent aussi le corps. Pas tous, mais certains d'entre eux. Et ils font toutes sortes de choses étranges à leur corps pour mieux paraître. Or, nous savons tous qu'ils sont faits à l'image de Dieu, ce qui signifie qu'ils sont déjà les plus beaux. Mais ils ont oublié cette beauté. Ils ne cherchent la beauté qu'à la surface du corps et à l'extérieur, de par le monde.

Certains ont remarqué que s'ils regardent quelqu'un dans les yeux et qu'ils se relaxent, l'autre se détend aussi. Ils voient là quelque chose de très beau et de très dynamique. Mais cela leur fait peur. Ils se disent : « Je ne veux pas regarder là! J'ai peur. Je pense que j'y ai vu Dieu. Ou une lumière vive. Oh! Cela m'effraie. Ne me dites pas que c'est ce qu'il y a à l'intérieur de moi. Si Dieu était en moi, je le saurais, non? Eh! Bien? Non? Bien sûr que si! N'importe qui saurait si Dieu s'y trouvait. Ils le sauraient car cela les ferait exploser. » Comment peuvent-ils raisonner ainsi? Et puisqu'ils n'ont pas explosé, ils vous diront que Dieu n'existe pas et voilà la preuve.

Quand ils vous parleront de leur preuve, dites seulement : « Ouais, pas mal comme preuve. » Sans plus. Ils penseront que vous dites : « Voilà la meilleure preuve qui soit. » Et ils s'en iront en disant que vous leur avez dit que c'était la meilleure preuve qui soit. Ne le niez pas, ils vous traiteraient de menteur et d'hypocrite et de toutes sortes d'autres choses, mais ils vous citeront toujours. Vous ne seriez plus qu'un menteur hypocrite et ils vous citeraient toujours comme une autorité pour prouver leur point. Je ne sais comment vous arriverez à tenir un tel rôle, mais ils l'exigeront sûrement de vous.

La seule chose que vous puissiez faire sur Terre, c'est faire de votre mieux. Les humains font de leur mieux, puis ils se disent qu'ils auraient pu faire mieux. Ils s'en inquiètent. Pourtant, s'ils ont une deuxième chance, ils refont la même chose une deuxième fois. Et une troisième, et une quatrième, et une cinquième et une sixième fois. Vous pourriez leur dire : « Si vous aviez pu mieux faire, vous l'auriez fait. Vous avez fait de votre mieux. » S'ils répondent : « Prouvez-le. » Dites-leur : « Regardez ce que vous avez fait. » Vous verrez, ils seront étonnés de votre perception miraculeuse parce qu'eux-mêmes ne prennent jamais le temps de voir les choses ainsi.

Si vous devenez intimes avec des terriens, ils voudront que vous changiez votre manière d'agir. Ils vous aimeront pour ce que vous êtes mais si vous devenez plus intimes, ils vous feront changer tout cela. Ils voudront que vous cessiez de faire ce qui leur a plu de prime abord. Et quand vous aurez acquiescé à leur demande, quand vous ne ferez plus ces choses, ils ne vous aimeront plus et ne voudront plus être avec vous. Et si vous recommencez à faire lesdites choses, ce sera, pour eux, la preuve que vous ne les aimez plus et ils voudront de toute façon se séparer. Vous voyez pourquoi ces gens se divorcent beaucoup. Vraiment beaucoup.

Ils ne savent pas encore très bien quoi faire avec leurs enfants et ne cessent d'essayer de s'en débarrasser. Pourtant ils se battent pour eux, parce que c'est la chose à faire. Parce que tout le monde clame : « Oh! Voyez comme ils sont bien. » Puis, quand ils les ont, ils ne sont plus certains de les vouloir, parce que plus tard, les enfants diront des choses étranges comme : « Donnez-nous la voiture, donnez-nous l'argent, nous les méritons, nous sommes vos enfants. Donnez-nous une bicyclette. »

Et s'ils surprennent l'un de leurs enfants à faire quelque chose de mal, l'enfant s'entête à dire : « Non! Ce n'est pas moi! Je ne l'ai pas fait! » Il peut rester là des heures durant jusqu'à ce que les parents en aient mare et qu'ils s'en aillent. Alors l'enfant dira : « Je les aurai à l'usure. Ils se font vieux, il me suffit d'être patient. » Et avec chaque jour qui passe, les parents se font de plus en plus vieux et l'enfant devient de plus en plus fort. Après tout, ce sont les parents qui apprennent aux enfants comment agir.

Alors surveillez bien ce que l'on enseigne aux enfants, car ils sont la génération de demain. On peut prédire l'avenir de la planète par ce que l'on apprend aux enfants. Certes, il y a de l'espoir, mais pas beaucoup. Si seulement ils mettaient en pratique ce qu'ils prêchent : de s'aimer honnêtement les uns les autres et de ne pas juger. L'ironie c'est que chacun d'entre eux a appris : « Tu ne jugeras point. » Et ils jureront : « Bon Dieu! Mais je ne juge pas. » Et ils jugent à tour de bras. Ils portent les pires jugements imaginables. Et quand il n'y a rien de réel à juger, ils inventent. Quand on les prend à mentir, ils disent : « C'est ainsi que cela m'a semblé. Et, puis c'est mon opinion et j'ai droit à mon opinion. » Alors chacun a droit à son opinion, qu'il ait tort ou raison. Quand vous dites : « Mais ce que vous dites est inexact. » Ils clament haut et fort : « Le premier amendement* me le permet. »

Je pense que vous vous rendez compte maintenant que la Terre sert en réalité de maison de fous et que tous ceux qui y habitent sont fous! Ils passent leur temps à dire qu'ils n'iront pas en enfer sans se rendre compte que le fait d'en parler et de focaliser sur ce thème suffit à leur faire vivre un enfer! Chacun se promène avec son petit Dieu en clamant posséder la vérité. Les gens disent : « Laisse ton Dieu, viens voir le mien. » Sentez-vous bien à l'aise d'aller voir, vous en verrez de toutes les sortes et de toutes les couleurs. Certains prétendront qu'ils sont Dieu jusque dans leurs orteils. Mais nous savons tous que Dieu est en eux et qu'il est même au-delà de leurs orteils. Mais eux ne le savent pas.

**Voyez-vous, ils prennent leur corps pour Dieu. Ils vénèrent le corps et son apparence. Et, quand meurt le corps, ils lui prodiguent toutes sortes de soins extravagants et chers qu'ils ne lui avaient jamais offerts de son vivant! Ils s'approchent des corps étendus en disant : « Mon Dieu! Je n'aurais jamais dû te faire**

---

\* NdT : *Premier amendement de la constitution américaine.*

cela. J'aurais dû te dire combien je t'aimais. Je t'ai vraiment aimé. Je n'aurais jamais dû faire ces choses terribles. Mon Dieu! Pardonne-moi! » Mais ils ne le diraient pas du vivant de l'autre. Ils envoient aussi des fleurs aux morts alors qu'ils ne peuvent les sentir.

Ils ont ce qu'on appelle « le repentir. » Quand on se repent, on cesse de faire ce qui n'est pas bien pour trouver Dieu. Ils appellent cela le Royaume de Dieu. Beaucoup d'entre eux disent : « Montrez-moi d'abord le Royaume de Dieu et je verrai s'il vaut la peine que je me repente. » Parce que ce qu'ils font vaut peut-être mieux que ce qu'ils trouveraient au Royaume de Dieu. Alors ils passent un marché avec Dieu. « Oh! Dieu! Aide-moi à me sortir de ce pétrin et je ne recommencerai plus jamais. » Et quand c'est fait, ils disent : « Ça va Dieu, ce n'est pas nécessaire de m'aider, j'ai réussi à m'en sortir moi-même, le marché ne tient plus. » Ils ne savent pas que Dieu les aide et les écoute de toute façon.

**Certains s'assagissent : ce sont les spirituels. Vous ne pourrez pas les distinguer des autres, ils se ressemblent tous là-bas. Mais si vous regardez bien dans leurs yeux, vous les verrez au fond du regard disant : « Salut! » Ils ont un petit air espiègle. Vous vous demandez ce qu'ils font là? Prenez garde, ils pourraient vous répondre : « Je t'attends! »**

Certains d'entre eux ont vraiment beaucoup de plaisir. En fait, vous verrez que ceux qui sont plus spirituels portent en eux beaucoup de joie et d'humour. Ils savent que certaines choses sont dites « sérieuses » malgré qu'elles ne le soient pas nécessairement, et ils font semblant. Bien entendu, aussitôt les choses « sérieuses » terminées, ils recommencent à s'amuser.

Enfin, je pense que vous saisissez, n'est-ce pas? Ce peut être très agréable sur Terre avec ces gens. Si vous avez un bon sens de l'humour, ne le perdez surtout pas. Il y a tellement d'occasions de le perdre. Les terriens, par exemple, le perdent souvent avec ceux qu'ils appellent « maris, femmes, enfants, patrons ». Alors si quelqu'un vous parle de l'une de ces personnes, riez. Chaque fois que vous entendez ces mots, riez.

Ils vous diront : « Ils m'ont brisé le cœur. Je leur ai dit que je leur donnais mon cœur. Je leur ai dit combien je les aimais et ils m'ont brisé le cœur. La prochaine fois, ce ne seront que des paroles quand je dirai que je donne mon cœur. Je vais d'abord leur mentir et je vivrai ensuite avec eux le reste du temps

**Quand j'arriverai à la fin d'une relation, je dirai : 'Je n'ai pas fait exprès, je t'en prie, pardonne-moi.' » Et savez-vous quoi? L'autre pardonnera. Ce sont les gens les plus indulgents qui soient. Mais ils n'oublient pas. Or, vous savez bien que le véritable pardon réside dans l'oubli. Alors quand on vous dira : « Je vous demande pardon », répondez donc : « Oubliez cela. »**

Si vous réussissez à maintenir votre objectivité en observant vraiment la vie sur Terre, vous n'aurez pas de problème. Mais rappelez-vous, si vous vous laissez entraîner dans ce que j'ai décrit, vous risquez fort d'oublier ce que je vous ai dit.

Je vous souhaite une bonne visite sur Terre.

# TROISIÈME PARTIE

# MAINTENIR LA CONVERGENCE SPIRITUELLE

# Journal de quinzaine

*Voici un exercice qui vous permettra d'acquérir plus d'expérience et de vous perfectionner en tant que Guerrier Spirituel*

Commencez un journal pour les quinze prochains jours. Prenez une page nouvelle pour chaque jour. En haut de la page, inscrivez votre intention première pour cette journée. Au début de chaque journée, lisez ce passage. Chacun des passages vous permettra de mieux focaliser et de mieux prendre conscience de votre cheminement. À la fin de la journée, relisez le passage et rédigez un ou deux paragraphes concernant votre expérience. Cet exercice aide à faire converger l'esprit et à parfaire l'alignement spirituel.

## JOUR UN

Vous arrivez dans ce monde et tentez de vous réaliser à travers vos qualités personnelles. Votre cheminement peut prendre différentes formes, mais la direction générale est la même pour tous : *Vous êtes ici pour découvrir qui vous êtes, pour trouver votre demeure spirituelle, pour vous y rendre en toute conscience et pour partager une conscience co-créatrice avec Dieu, le Père Suprême.* C'est là notre orientation commune sur cette planète. C'est là que résident votre satisfaction et votre sentiment d'accomplissement et de plénitude.

## JOUR DEUX

Il est bien évident que l'Esprit ne se soucie guère de ce qui est juste ou injuste. L'Esprit est impitoyable. Non pas qu'il vous tape sur la tête ou qu'il vous arrache le bras et vous laisse mourir au bout de votre sang  Il est impitoyable dans le sens que si votre intention n'est pas orientée vers lui, l'Esprit ne se révélera pas à vous. Et si, après toutes les difficultés et toutes les épreuves que nous avons dû surmonter pour cheminer vers lui, il ne nous salue pas, il ne nous dit pas : « Bonjour », cela nous paraît très injuste.

Voici le paradoxe : l'Esprit a toujours été là. Et pour la majeure partie, nous aussi nous avons toujours été là. Or, si nous nous avons toujours été là et qu'Il a toujours été là, comment se fait-il que nous ne sachions pas que nous sommes là tous les deux? Qu'y a-t-il en nous qui nous empêche de comprendre ce qui se passe?

## JOUR TROIS

Quand nous sommes venus dans ce monde, nous avons sacrifié un monde spirituel. Quand nous sommes nés sur Terre, nous sommes entrés dans une condition de sacrifice. Dans le monde spirituel où nous existions en tant qu'Esprit, en tant qu'amour pur, nous regardions ce monde matériel et du haut de ce plateau d'amour, nous pouvions voir comment tout faire à la perfection. De cet endroit où nous étions, tout semblait parfait. Alors nous avons décidé de venir sur cette planète. Nous savons tous ce qui se passe quand on arrive ici-bas. Cela ne se passe pas comme prévu. C'est pourquoi on dit que ce n'est pas parfait, mais scientifiquement, tout ici-bas est parfait. C'est seulement que l'on aime pas la manière dont cela fonctionne. En fait, le problème, ce n'est pas ce qu'il y a ici, ni ce qui est ici. Le problème, c'est plutôt notre attitude vis à vis tout cela.

## JOUR QUATRE

Nous ne sommes pas à notre place, ici, sur le plan spirituel. Nous sommes greffés sur le corps. C'est pourquoi il nous est si difficile de faire ce que nous voulons par rapport à notre intention, celle-ci ne fonctionne que dans l'Esprit.

## JOUR CINQ

Vous n'êtes pas ici seulement pour faire ce que vous savez faire. Vous n'êtes pas ici seulement pour apprendre ce que vous savez déjà. Vous êtes ici pour apprendre ce que vous ne connaissez pas et ce que vous ne savez pas faire. C'est ce que vous êtes en train de faire et ce n'est pas nécessairement facile ou difficile. Il s'agit simplement de le faire. En le faisant, la volonté déterminée devient « la bonne volonté », la bonne volonté devient « capacité », la capacité devient « ouverture d'esprit » et quand la convergence se fait, cela devient « grâce ». C'est ainsi que nous pouvons nous aligner encore une fois.

## JOUR SIX

Il y a une loi qui dit ce qui suit : ce qui peut être ébranlé, le sera. Mais ce secouement viendra de vous, de vos pensées et de vos sentiments. Vous vous bouleverserez vous-même plus que quiconque ne pourrait jamais le faire. Voilà pourquoi votre mental est votre pire ennemi : il va à l'encontre de votre Esprit. Et il semble gagner car malgré que votre Esprit, votre Âme, soit le véritable Guerrier Spirituel, le mental est un guerrier physique tout armé qui cherche à détruire et à faire de grands ravages ; il incite à la vengeance et vous dresse contre vos voisins, votre conjoint, vos enfants, voire contre vous-même.

Les gens essaieront de vous rendre hostile, ils vous harcèleront même pour que vous les frappiez. Mais le Guerrier Spirituel se retient, il ne frappe pas sachant très bien que le karma de ces personnes est pire encore que tous les coups qu'il pourrait leur assener. Le Guerrier Spirituel regarde son adversaire et lui dit : « Retire-toi. Si je frappe, je tombe. »

## JOUR SEPT

C'est par les voies de la méditation, de la contemplation, de la prière et des exercices spirituels que vous réussirez le mieux à développer votre endurance de Guerrier Spirituel. Je recommande les exercices spirituels comme approche la plus directe car une fois que la connexion se fait avec l'énergie de l'Âme, l'armure de Dieu devient aussi la vôtre.

Mais que cela nous plaise ou non, c'est dans l'adversité que se bâtit l'endurance ici-bas. En effet, c'est dans l'adversité que nous développons notre force et qui plus est, notre attitude devant l'adversité constitue une mesure déterminante de notre croissance. N'importe qui peut argumenter et s'époumoner, n'importe qui peut proférer des insultes. Mais quand vous m'insultez et que j'arrive à l'absorber voire à y gagner de la force, alors vous m'avez perdu en tant qu'adversaire.

## JOUR HUIT

Pour tous ceux qui se sentent importants lorsqu'ils aident les autres, la vie vous transmet le message suivant : ne vous impliquez pas dans ce qui ne vous regarde pas directement. Ne prenez pas sur vos épaules les problèmes d'autrui. Si vous commencez à porter le karma de quelqu'un d'autre, qu'arrive-t-il à la personne à qui ce karma était destiné? Elle doit encore porter son karma, ce même karma. Alors, vous êtes maintenant deux à porter ce karma. Et si l'épreuve de cette personne n'était rien d'autre qu'un sac plein de pierres à porter par monts et vallons? C'est ce que vous commenceriez à faire. Et si vous vous demandiez pourquoi vous avez des maux de dos et des maux de tête, de la douleur dans les jambes, c'est parce que vous êtes là où vous ne devriez pas être. Allez-vous en.

Vous pensez peut-être que vous ne pouvez pas partir, qu'il s'agit, après tout, d'un ami. Mais, il ne s'agit pas d'un ami. Il s'agit tout simplement du fardeau d'un karma qui lui appartient. En fait, vous le retardez même avec votre présumée idée d'amitié. L'amitié suppose que l'on soit impitoyable, que l'on établisse des limites, des frontières avec l'autre. Il faut s'assurer de ne pas transgresser ces balises. Voilà une véritable amitié. Parce que si vous enlevez son karma à quelqu'un, et que vous le lui enlevez trop tôt, vous le damnez peut-être à retraverser toute cette souffrance au travers du même schéma.

## JOUR NEUF

En vivant comme un Guerrier Spirituel, les situations ou les circonstances vous obligeront parfois à regarder plus profondément en vous, à voir qui vous êtes vraiment et ce dont vous êtes fait. Prenez le temps de regarder en vous, pour voir qui est là et devenir un avec cette personne.

Quand vous aurez trouvé qui vous êtes au fond, qui vous êtes *véritablement*, et que vous vivrez réellement, vous verrez qu'il ne vous importera plus de vivre ou de mourir parce que vous saurez que cette partie de vous-même existera toujours. À ce niveau, mourir devient une grâce. J'ai vu des gens arriver à ce point un jour ou deux avant leur mort. Et j'en ai vu d'autres n'y parvenir qu'à leur tout dernier souffle.

Peu importe le moment où vous atteignez cet état, l'important, c'est de l'atteindre. Alors faites-le donc maintenant, puisque c'est de l'intérieur que vit le Guerrier Spirituel.

## JOUR DIX

Donner prise à la critique ce n'est pas être impeccable. Utiliser des choses contre soi ou contre les autres est un gaspillage d'énergie. Mais vous pouvez mettre à profit le côté critique de votre nature et vous en servir pour vous perfectionner. Vous pouvez ainsi devenir votre propre petit tyran. Cessez de craindre la pauvreté. Découvrez la richesse qui provient de l'Esprit à l'intérieur même de vous. Ne paradez pas vos émotions, ne les méprenez pas pour de la compassion si elles vous font souffrir. N'accordez pas de valeur aux biens matériels, mais plutôt aux choses de l'Esprit. Vivez à partir de votre Esprit et laissez-le vous guider. Ne vous laissez pas émouvoir par vos pensées, vos sentiments ou votre ego ; laissez votre cœur vous émouvoir par sa sagesse et son savoir. Parfois il vous avertira à l'avance de qui s'en vient, et à d'autres moments, il vous y conduira tout simplement et verra comment vous vous en tirez. Sachez, cependant, qu'avec l'Esprit, vous serez toujours en mesure de faire face à ce qui se présentera. Vous verrez chaque défi comme une occasion de tester et de développer vos talents avec impeccabilité.

## JOUR ONZE

Soyez vigilant.  Quand vous êtes vraiment vivant et bien éveillé, le pouvoir négatif ne peut vous piéger.  Pour vous prendre au piège, il doit, en effet, trouver votre profil de négativité et y poser un appât. Mais si vous vivez pleinement le moment présent, dans l'amour de l'instant, si vous êtes complètement éveillé et alerte, vous verrez le piège, le contournerez et poursuivrez votre chemin.

## JOUR DOUZE

C'est en permettant à l'Esprit d'intégrer votre vie sans conditions ni restrictions que vous reconnaissez Sa présence. Peu Lui importe où, quand ou comment Il vous touche, car l'Esprit ne se soucie pas de respecter la personne, ni de ce que vous pensez de Lui. Que vous vouliez la guérison aujourd'hui, dans un mois ou encore hier, l'Esprit se déplace en Son temps et à Sa manière. Votre tâche, à titre de Guerrier Spirituel, consiste à être prêt à recevoir l'Esprit n'importe quand et en tout temps.

## JOUR TREIZE

S'il est vrai que Dieu est présent maintenant (et croyez-moi, Il l'est), pourquoi vous inquiéter du passé ou de l'avenir? Que vous importe de vivre ou de mourir? Il se peut que vous ayez peur. Il se peut que vous pensiez : « mais je ne veux pas mourir, ni maintenant, ni jamais. »

Mais vous n'êtes pas en train de mourir. Pourquoi vous battre contre ce qui n'existe pas en ce moment, ce qui ne se passe pas maintenant? Si vous devez mourir à l'instant, vous mourrez maintenant, que cela vous plaise ou non, que vous vous en inquiétiez ou pas. Et si ce n'est pas votre heure, vous ne mourrez pas tout de suite, que vous vous en inquiétiez ou pas. À mon avis, l'inquiétude constitue une façon bien difficile de mourir.

## JOUR QUATORZE

Une bonne partie du stress dont souffrent les gens provient du fait qu'ils ne vivent pas le moment présent tant ils sont absorbés dans le passé ou l'avenir. C'est ce qui cause tant de problèmes. Quand vous éliminez vos inquiétudes concernant l'avenir et que vous supprimez vos souvenirs du passé, vous êtes présent, ici, maintenant. Nombreux sont ceux qui essaient de se rappeler de vivre au présent. Or, le seul fait de devoir s'en rappeler les reporte ailleurs que dans le moment présent. Si vous arrêtez de vous souvenir, ou si vous oubliez de vous rappeler, et que vous êtes tout simplement, ici, maintenant, alors vous êtes dans une bonne zone. Maintenez-vous dans le présent.

**John-Roger**

## JOUR QUINZE

Quand vous regardez l'Âme, ce sont vos pensées que vous voyez, sans plus. Alors vous dites : « Il n'y a rien d'autre. Autrement, je le verrais. » Vous ne pouvez pas voir l'existence de l'Âme parce qu'elle est emmitouflée en vous. C'est votre Âme qui vous garde en vie, et non votre intellect. L'intellect, aussi puissant qu'il nous semble parfois, n'est pas toujours fiable. L'Âme cependant, est bien solide.

# Modèles de Guerriers Spirituels
## (une invitation)

On dit que de nos jours, il n'y a pas de héros. Tous les personnages éminents semblent avoir un talon d'Achille ou pire, des pieds d'argile. On pourrait croire qu'il en va de même pour les Guerriers Spirituels et qu'il n'en existe point aujourd'hui. Mais ce n'est pas tout à fait exact parce personne n'a dit que les Guerriers Spirituels devaient être parfaits.

J'aimerais inclure, dans les éditions à venir de ce livre, une liste de gens, réels ou fictifs, qui présentent les caractéristiques du Guerrier Spirituel. Comme faveur, je vous demande donc de dresser une liste de gens qui, pour vous, personnifient au moins l'une des qualités identifiées comme étant celles du Guerrier Spirituel. Des qualités qui concernent :

l'intention
être impeccable
être impitoyable
le dévouement
l'engagement
la discipline
la résolution
l'acceptation
la coopération

la compréhension
l'enthousiasme
l'empathie
l'abandon
la santé, la plénitude, le bonheur
la prospérité, l'abondance, la richesse
l'amour, la bienveillance et le partage

Nommez la personne et décrivez ses caractéristiques de Guerrier Spirituel. Soyez aussi créatif et ouvert que vous le permet le Guerrier Spirituel en vous.

Faites parvenir votre liste à : Mandeville Press, P.O. Box 513935, Los Angeles, CA 90051-1935, Attn :Spiritual Warrior

ou par courrier électronique à : **jrbooks@msia.org**

# Épilogue

Voici le paradoxe :
l'Esprit a toujours été là.
Et pour la majeure partie,
nous aussi, nous avons toujours été là.
Or, si nous avons été là,
et qu'Il a été là,
comment se fait-il que nous ne sachions pas
que nous sommes là tous les deux?

# Matériel supplémentaire :

Depuis 1963, John-Roger enseigne et donne des conférences sur la spiritualité. Il explique comment utiliser des principes de spiritualité universels pour créer le bonheur, la santé, la richesse et vivre une vie pleine d'amour.

Parmi son œuvre impressionnante, nous avons sélectionné les titres suivants pour ceux qui seraient intéressés à pousser plus loin leur étude des concepts présentés dans *Le Guerrier Spirituel*.

## Livres de John-Roger

*Forgiveness : The Key to the Kingdom*

Quelle est la seule chose qui révolutionnerait nos vies si, tous, nous la faisions? Quel est l'élément le plus important pour un « nouveau départ »? Quelle est cette chose dont nous avons tant besoin, tant de la part des autres que de notre part à nous? Le pardon. Dieu pardonne et nous pouvons le faire aussi. Ce livre facile à lire est rempli d'histoires personnelles et d'anecdotes qui nous incitent à nous tourner vers l'intérieur, à trouver notre propre cœur et, enfin, à trouver le cœur de Dieu.

ISBN 0-914829-34-3                    12,50 $ US (livre de poche)

*Inner Worlds Of Meditation*

La pratique des différentes formes de méditation peut permettre de réduire le stress et d'atteindre un niveau de conscience supérieure. Souvent perçue comme passive voire ennuyeuse, la méditation est présentée ici comme une activité vitale et excitante.

ISBN 0-914829-45-9                    12,50 $ US (livre de poche)

*The Power Within You*

Les outils pour créer tout ce que vous voulez sont à votre portée. Vous avez en vous les meilleurs outils et toutes les ressources nécessaires. Découvrez la puissance de l'utilisation positive de la pensée consciente, subconsciente et inconsciente. Pratiquez et développez votre capacité de travailler avec votre propre mécanisme intérieur de succès et de réussite. Les lecteurs verront que ce livre permet d'accroître leur pouvoir personnel. Un outil indispensable pour ceux qui veulent bâtir un monde meilleur tant autour d'eux qu'en eux.

ISBN 0-914829-24-6                    10,00 $ US (livre de poche)

*The Tao of Spirit*

Cette magnifique collection d'écrits a été inspirée par le Tao Te Ching, un livre écrit par le vénérable sage chinois Lao-Tzu au sixième siècle avant J.-C. Ce recueil, conçu pour vous aider à contourner le stress de la vie quotidienne et à vous tourner vers la tranquillité intérieure, peut être lu comme source d'inspiration quotidienne ou hebdomadaire. Quelle merveilleuse façon de commencer ou de terminer une journée, en se rappelant de lâcher prise, de laisser de côté les soucis et les problèmes quotidiens pour se rafraîchir et se ressourcer au cœur même de son existence. Avec des citations de William Blake, Wordsworth, Shakespeare, Whitman, Rumi et plusieurs autres, c'est là un livre de vie.

ISBN 0-914829-33-5                    15 $ US (couverture rigide)

# John-Roger

*Walking With the Lord*

Ce guide, indispensable pour quiconque s'intéresse aux exercices spirituels ou pour ceux qui cherchent une relation plus profonde avec Dieu, explique comment méditer et chanter le nom de Dieu. Enfin, il traite aussi des distractions mentales et émotionnelles qui ont tendance à nous embarrasser.

ISBN 0-914829-30-0                    12,50 $ US (livre de poche)

## Matériel de référence

On peut se procurer les titres suivants par l'intermédiaire du *Movement of Spiritual Inner Awareness*, 213/737-4055, P.O. Box 513935, Los Angeles, CA 90051-1935.

*Spiritual Warrior Audio Tape Packet*

Ce coffret comprend une série de trois cassettes audio visant chacune à développer et à renforcer un aspect différent du Guerrier Spirituel. Il s'agit en outre d'une référence utile pour vous aider à vous aligner avec le Guerrier Spirituel dans votre quotidien.

Le coffret comprend :

1. *Innerphasing to the Precious Presence*
   L'utilisation quotidienne d'une cassette de progression intérieure pendant 33 jours permet d'intégrer l'intention de manière graduelle mais inexorable et de créer en soi une fondation solide. Cette bande sonore met surtout l'accent sur apprendre à vivre le moment présent.

2. *Dying Each Day*
   Nous savons qu'il est souhaitable de nous aimer de manière inconditionnelle, mais c'est souvent difficile à

réaliser. Cette cassette audio nous fournit des clés et des pistes de méditation pour ce faire. Cet outil vous aidera à vous aimer et à aimer tous les aspects de votre personne. Enfin, la bande sonore contient un exercice visant à laisser la Lumière éclairer tous les niveaux de votre conscience.

3. *Convergent Moment*
   Voici une bande sonore extraordinaire à écouter lors de vos séances de méditation ou de vos exercices de spiritualité. Elle contient une série d'extraits de John-Roger alors qu'il parle de différents aspects du Guerrier Spirituel. Son discours est ponctué de silences propices à la méditation ou à la contemplation. Il s'agit sans conteste d'un outil exceptionnel pour améliorer la qualité de ses exercices spirituels.
   No 3905, 25 $ US

*Spiritual Warrior*
   Cette cassette, disponible en formats audio et vidéo, compte parmi les outils de base pour la formation du Guerrier Spirituel. En anglais, avec traduction simultanée en espagnol, John-Roger définit la tâche du Guerrier Spirituel et explique comment réussir à mettre de l'avant l'Épée de Vérité de votre cœur.
   No 7333, 10 $ US,                              No V-7333, 20 $ US

*Soul Awareness Discourses - A Home Study Course for Your Spiritual Growth*
   Au cœur des enseignements de John-Roger, ces discours de la conscience de l'Âme présente une méthode structurée pour accroître sa conscience de soi et pour améliorer sa relation avec

le monde et avec Dieu. Chaque cours d'une durée d'un an comprend douze leçons mensuelles. Ces discours offrent une abondance d'indices et d'outils pratiques pour mieux vivre. Enfin, on y trouve les clés d'une plus grande connaissance spirituelle et d'une meilleure conscience de l'Âme.

100 $ US, abonnement annuel

### Soul Awareness Tape Club Series

Ce club (SAT) offre mensuellement à ses membres une cassette contenant une nouvelle conférence de John-Roger. Celles-ci portent sur des sujets très variés allant de la vie quotidienne à l'élévation spirituelle. Les membres du club SAT peuvent par ailleurs se procurer les cassettes antérieures, dont plusieurs sont incluses dans la liste de références ci-dessous.

100 $ US, abonnement annuel

## Matériel audio et vidéo de John-Roger

Les titres suivis d'une astérisque (*) ne sont offerts qu'aux membres du club SAT. Les titres offerts sur cassette vidéo portent la mention V dans le numéro de commande. Pour obtenir un catalogue de tous les titres, audio, vidéo ainsi que de tous les écrits de John-Roger, veuillez en faire la demande par écrit ou par téléphone.

Are You Experiencing Your Prosperity?  no 3411
Are You Protecting Your Weakness?  no 3214
Authentic Empowerment  nos 7426 & V-7416
Awareness is Power  no 2135
By Way of Karma or Grace  no 3412
Faith Extension vs. Phony Front*  no 7445

# Matériel supplémentaire

*God is Intention*  nos 7354 & V-7354
*How Are You Measuring Up?*  nos 7450 & V-7450
*How Do You Con Yourself?*  nos 7406 & V-7406
*Knowing Your God Essence*  no 7391
*Living in a Positive Attitude*  no 2137
*Manifesting God's Abundance*  no 1477
*On Death and Dying**  no 1381
*Psychic Violence*  nos 7308 & V-7308
*Psychic-Sexual Energies*  no 3208
*Relationships : Rescuing You or Saving Me?**  no 7044
*The Convergence with Spirit*  nos 7340 & V-7340
*The Known, The Unknown and the Unknowable**  no 7361
*The Suffering of Man, His Dilemma and The White Light Meditation*  no 2591
*Thou Shalt Not Have Other Gods Before Me**  no 7394
*Travelers on the Nile*  no 7211
*Ways and Means of Spiritual Convergence**  no 7363
*What Converges the Spirit?*  nos 7337 & V-7337
*What is the Greatest Courage?*  no 1309
*What's Your Percentage?*  nos 7403 & V-7403
*Who Has Ownership Over Your Life?*  nos 7255 & V-7255
*Who Is Your Life Based On?*  no 2637

Cassettes audio : 10 $ US
Cassettes audio club SAT : 9 $ US
Cassettes vidéo : 20 $ US

John-Roger

# À propos de l'auteur

Professeur et conférencier de réputation internationale avec, à son actif, des millions de livres imprimés, les paroles et les écrits de John-Roger éclairent la vie de milliers de gens. Depuis plus de trente ans, avec sagesse et humour, avec un grand sens pratique et beaucoup d'amour, il aide les gens à découvrir l'Esprit en eux et à trouver la santé, la paix et la prospérité.

Co-auteur de deux ouvrages qui ont atteint la liste des best-sellers du New York Times, et auteur de près d'une quarantaine de livres et de cassettes audio sur la spiritualité et le développement personnel, John-Roger est une personnalité aux ressources nombreuses et variées. Il a fondé l'église non confessionnelle Church of the Movement of Spiritual Inner Awareness (Mouvement de l'éveil spirituel intérieur) qui se concentre surtout sur la transcendance de l'Âme ; président de l'Institute for Individual and World Peace (Institut pour la paix individuelle et mondiale); président du Peace Theological Seminary and College of Philosophy.

John-Roger a donné plus de cinq mille conférences de par le monde dont plusieurs ont été retransmises sur les ondes de télévision américaine dans le cadre de son émission : « That Which Is. » Il a été l'invité de la populaire émission américaine « Larry King Live » diffusée par CNN. On le voit régulièrement à la télévision et on peut aussi l'entendre à la radio.

Ministre du culte avec une vocation d'enseignant, John-Roger continue de transformer la vie de milliers de gens en leur enseignant la sagesse du cœur spirituel.

Si vous avez aimé ce livre et que vous souhaitiez explorer plus à fond l'œuvre de John-Roger, ou pour tout renseignement ou information supplémentaire sur les enseignements de l'auteur, veuillez vous adresser au Movement of Spiritual Inner Awareness

MSIA®, P.O. Box 513935,Los Angeles, CA 90051-1935

213/737-4055     soul@msia.org     www.msia.org

# Remerciements

Comme le savent tous ceux qui ont écrit un livre, une telle réalisation résulte de l'effort collectif de bien des gens. Je tiens ici à remercier très spécialement les personnes suivantes : Paul Kaye pour avoir soupçonné ce livre dans mes conférences ; Laren Bright, pour avoir mis les concepts en mots clairs et lisibles ; Paul Cohen pour avoir cru à ce projet depuis le début ; Simon Warwick-Smith et Associés pour en avoir parlé à tout le monde ; Sally Kirkland et Leigh Taylor-Young pour leur fidèle dévouement ; Van Hill et Associated Publishers Group pour avoir fait ce qu'il fallait faire au bon moment ; Judi Goldfader pour son savoir-faire, ses relations interpersonnelles et son attitude joyeuse et légère ; et enfin John Morton, l'un de mes héros et modèles de Guerrier Spirituel. Merci.

**AGMV** Marquis

MEMBRE DE SCABRINI MEDIA

Québec, Canada
2003